新形势下高校财务管理与发展研究

杨丹华 著

山西出版传媒集团

山西经济出版社

图书在版编目（CIP）数据

新形势下高校财务管理与发展研究 / 杨丹华著. —
太原：山西经济出版社，2021.12
ISBN 978-7-5577-0947-1

Ⅰ.①新… Ⅱ.①杨… Ⅲ.①高等学校—财务管理—
研究—中国 Ⅳ.①G647.5

中国版本图书馆CIP数据核字（2021）第268320号

新形势下高校财务管理与发展研究

著　　者：杨丹华
责任编辑：侯轶民
特约编辑：张素琴　张玲花　许　琪　庄凌玲
装帧设计：马静静

出 版 者：山西出版传媒集团·山西经济出版社
地　　址：太原市建设南路21号
邮　　编：030012
电　　话：0351-4922133（市场部）
　　　　　0351-4922085（总编室）
E—mail：scb@sxjjcb.com（市场部）
　　　　　zbs@sxjjcb.com（总编室）
网　　址：www.sxjjcb.com

经 销 者：山西出版传媒集团·山西经济出版社
承 印 者：北京亚吉飞数码科技有限公司

开　　本：710 mm×1000 mm　1/16
印　　张：14.25
字　　数：225千字
版　　次：2022年4月　第1版
印　　次：2022年4月　第1次印刷
书　　号：ISBN 978-7-5577-0947-1
定　　价：72.00元

前　言

　　财务管理是高校管理工作中的核心部分之一，不仅承担着为高校筹集、分配资金的重要任务，而且还必须对高校资金进行核算、监督、考核等管理工作，其对教学科研内涵发展及外延建设有着直接的影响。在20世纪末经历了规模较大的扩招后，我国高等教育已逐步实现了大众化。随着高校办学规模的不断扩大，经济活动日益复杂，经费供求矛盾更加突出，资金来源与运用呈现多元化，因此高校财务管理面临着更加复杂的局面。研究我国高校财务管理问题，对高校稳定发展、对我国教育事业建设和社会人才培养都具有重要的意义。在市场经济全球化、知识经济市场化和全球经济一体化的发展趋势下，尤其是在新《政府会计制度》改革的背景下，国务院办公厅颁布了各类政策、法规条例，明确提出要把高校财务工作作为高校各项事业发展的第一要务，提出要简化流程，尊重科研人才。高校财务管理的改革势在必行。高校财务管理工作直接影响到高校教育教学工作的正常运行。为更好地适应我国高校办学自主化、经济利益多元化、经济关系复杂化、财务管理精细化的需要，进一步完善现代大学治理，高校财务工作必须紧紧围绕财务管理改革与发展这一中心，创新体制，搞活机制，完善制度，规范管理。

　　本书的研究立足于我国高校财务管理的基础理论和具体工作，对高校财务管理现状、风险控制、基本业务、会计人员管理、内部控制系统、绩效管理等几个方面进行了深入分析，力图理论与实践相结合，探索新形势下如何做好高校财务管理工作。本书具有较强的针对性、实用性、合理性和前瞻性。

　　本书最大的特点是针对当前我国高校财务管理的现实状况及其存在的问题和应采取的措施进行了深入细致的阐述，案例经典，剖析透彻，总结全面，措施具体，方法科学，手段多样，脉络清晰，能够更好地解决当前我国

高校体制僵化、机制不灵所引发的预算管理效益差、筹资管理风险大、内控管理差别化、资源配置不优化、资产管用效率差等迫切问题，真正实现"权责明确、行为规范、管理严格、监督到位、激励有效、服务优质"的高校财务管理工作目标，值得高校财务人员研读和借鉴。

本书在写作过程中，参考了大量国内外文献，在此对相关作者表示衷心感谢。鉴于这几年国家政策、财税法规和财务管理实务变化较快，加之受作者水平与条件所限，书中难免出现疏漏之处，敬请专家和广大读者批评指正，以便本人不断完善。

作者

2021年8月

目 录

第一章　新形势下高校财务管理概述

　　高校财务管理是在高等学校这个特定的环境下，通过内部管理制度和相应的控制措施，来获得资金并有效使用资金。财务管理的好坏，资金能否正常运转，关系到高校的生存和发展，因此高校财务管理也是高等学校管理的重要组成部分。随着高校办学自主权的扩大、资金来源渠道的拓宽和市场竞争的日益激烈，高校财务面临诸多新的问题，财务管理的重要性更加凸显。

第一节　高校财务管理的相关概念

一、高校财务管理的含义

高校财务是指高校在办学过程中客观存在的财务活动及其体现的经济利益关系。高校财务管理是按照国家法律法规和政策以及高校办学宗旨要求，对高校财务活动进行组织、预测、决策、计划、控制、分析和监督等一系列管理工作的总称。其基本特征是价值管理，管理的客体是高校的财务活动，管理的核心是高校财务活动所体现的各种财务关系。换句话说，高校财务管理是利用价值形式对高校财务活动及其体现的财务关系进行的综合性管理工作。

（一）高校财务管理流程

高校财务管理的任务有（表1-1）：接受政府的财政拨款，依法通过多渠道筹集资金；合理编制高校财务预算；科学合理配置学校资源，提高资金使用效率；对财务管理过程进行控制和管理，进行合理监督。

表1-1　高校财务管理业务大类划分

序号	业务大类
财务处	预算管理
	专项经费管理
	税收管理
	票据管理

续表

序号	业务大类
财务处	收费管理
	银行资金管理
	个人收入发放返还
	住房资金管理
	综合管理
会计核算中心	账务管理、财务决算及分析
	会计核算
	外汇管理
	信息技术管理
	基建项目核算与管理
	医疗核算与管理

　　高校财务管理流程是高校管理中至关重要的组成部分，它将负责采集到的原始的基础的财务凭证数据，用科学信息技术进行加工处理后生成高校财务报告信息，为高校的高层管理者做长远的决策提高参考依据（图1-1）。

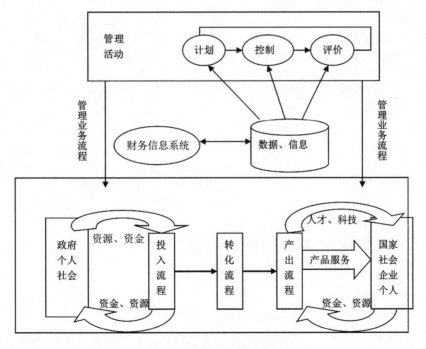

图1-1　高校财务管理流程

（二）高校财务管理的业务流程

我国公立高校教育资金主要来源于政府的财政拨款，并结合其他的筹资渠道。它是通过教学、学术研究、技术服务来创造价值的事业单位。高校财务管理的业务流程主要包括以下三个方面：

（1）资源的投入获取流程：指高校所需的相关资源的投入、获取。具体包括人力资源、资金、存货、固定资产、无形资产等。

（2）转换流程：是将从外界获取或流入的资源转换成高校培养人才、科学研究、科技成果转化等所需要的支出。

（3）产出流程：是高校完成教学科研任务，输出高质量的人才、科研成果和产品服务，服务于社会和国家，并创造社会价值和获得经济效益的过程。具体流程如图1-2所示。

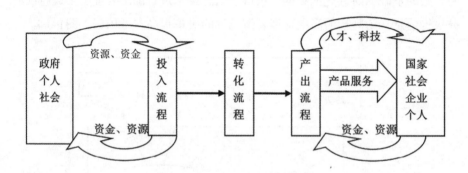

图1-2　高校财务管理业务流程图

二、高校财务管理控制系统

高校财务管理涉及高层决策指挥管理、经济事项审批、资金的各环节管理、实物资产管理、内部监督控制等各个方面，不只是财务部门的管理问题，而是一个系统的管理工程。可以将高校财务管理和控制归结为由管理层决策指挥系统及其授权审批管理系统、财务部门管理系统、内部审计监督控制系统三个子系统组成的一个管理和控制系统。"管理层决策指挥系统"由校级领导组成，是高校财务管理系统的最顶层；"授权审批管理系统"一般由高校中有经济管理权的中层干部组成，与管理层分享经济审批权限和分担经济责任；"财务部门管理系统"由财务部门管理人员组成，负责高校日常财务管理；"内部审计监督控制系统"由高校的内部审计部门人员组成，对高校所有经济活动进行监督控制。

下面以多级管理集中核算的高校为例，高校财务管理和控制框架如图1-3所示。

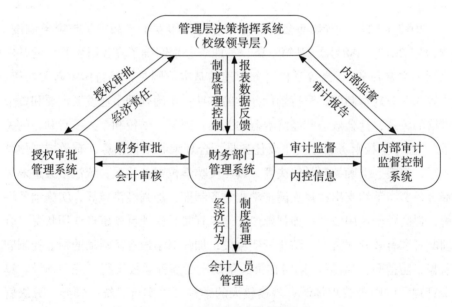

图1-3　高校财务管理和控制框架

第二节　高校财务管理发展现状

一、当前我国高校财务管理体制

2012年12月，财政部会同教育部修订并印发了《高等学校财务制度》（财教〔2012〕488号），其第三条、第四条分别明确了高校财务管理的基本原则和主要任务，"高等学校财务管理的基本原则是：执行国家有关法律、法规和财务规章制度；坚持勤俭办学的方针；正确处理事业发展需要和资金供给的关系，社会效益和经济效益的关系，国家、学校和个人三者利益的关系""高等学校财务管理的主要任务是：合理编制学校预算，有效控制预算执行，完整、准确编制学校决算，真实反映学校财务状况；依法多渠道筹集资金，努力节约支出；建立健全学校财务制度，加强经济核算，实施绩效评价，提高资金使用效率；加强资产管理，真实完整地反映资产使用状况，合理配置和有效利用资产，防止资产流失；加强对学校经济活动的财务控制和监督，防范财务风险"。同时在第五条规定"高等学校实行'统一领导、集中管理'的财务管理体制；规模较大的学校可以实行'统一领导、分级管理'的财务管理体制"。

在市场经济全球化和知识经济市场化的条件下，高校作为面向社会自主办学的法人实体，建立健全财务管理体制有着重大的实践意义：一是适应高等教育产业化、投资主体多元化、教育资金社会化、经济利益多样化、财务工作层次化的必然选择；二是高校增强宏观调控能力、拓宽资金筹措渠道、优化资本运作方式、拓展财务管理职能、规范财务会计工作、提升财务信息质量、提高资金使用效率的内在需要；三是坚持高等学校财务管理基本原则的重要纲领；四是顺利完成高等学校财务管理主要任务的体制保障。

（一）"统一领导，集中管理"体制

1.统一领导

统一领导是高校财务管理工作的核心。面对日趋复杂多变的市场环境，面对多重利益主体的诉求，全校教职工和各职能部门、教学院系、科研院所必须统一思想，统一认识，统一政策，统一财务，集中财力，步调一致，才能统一资产管理，优化资源配置；统一调度教育资金，统筹安排教学经费，发挥整体优势，提高资金效益，才能为高校稳定、可持续、协调发展提供制度保障和财力保障。

就高校而言，高校应当贯彻执行国家有关财经法纪和财务管理规章制度针对经济工作和财务活动，在建立健全资源调配机制、财权事权匹配制度、会计核算规范等重大方面实行学校统一领导，统一决策，以集中全校财力，加强宏观调控，提高资金实力和办学能力。学校教学部门、科研部门、教辅部门及后勤部门等各职能部门必须在学校的统一领导下，严格遵守学校规章制度，全面履行与事权责任相适应的财力支配权和管理权。具体包括下列五个"统一"。

（1）统一财经方针政策。

（2）统一财务规章制度。

（3）统一资源优化配置。

（4）统一预算决算管理。

（5）统一财务核算体系。

2.集中管理

集中管理是高校在严格遵循国家法律法规和本校财务规章制度的前提下，根据本校实情，把学校教学科研活动所涉及的所有经济事务集中到学校财务部门统一管理，把学校所有资金集中到学校财务部门统筹安排，集中调度，以集中资金优势、净化经济环境、预防贪污腐败的一种财务管理运行机制，主要内容如下：

（1）集中管理财权。

（2）集中执行规章制度。

（3）集中管理会计事务。

（4）集中管理会计人员。

"统一领导，集中管理"体制的优点在于政策统一，行动统一，财权集中，管理集中，有利于高校统筹安排、全面调度、优化资源配置、提高资金管理效益；缺点是统得太多，管得太死，校内各部门缺乏必要的自主权，责、权、利相脱节，难以充分调动校内各部门生财、聚财、理财的积极性，无法处理好集权与分权的关系。

（二）"统一领导，分级管理"体制

分级管理，即高校"校院（处、所、系、部）二级财务管理"的一种既能调动校属各部门和教职工的积极性，又能保证学校各项事业全面协调发展的财务管理运行机制。它是在全面保证高校"五个统一"的前提下，按照事权与财权及责任相结合原则，实行"重心下移、责权下放"，适当下放资金自主权、管理权、支配权，把高校事业计划和与之相适应的收支预算下达校内各二级部门。校内二级部门在下达的预算经费范围内享有自主管理权和自主支配权，以此充分调动高校所属二级部门生财、聚财、理财、用财"四财一体"的积极性，充分发挥其增收节支的自主性和创造性。学校通过采取严格的预算管控和监督考评办法来实现宏观调控职能，促进高校所属各部门有效使用资金。

二、信息化背景下高校财务管理流程重构

（一）高校财务管理总流程

（1）建立以计算机网络技术为基础的原始数据采集系统。在信息化技术

背景下，高校很多业务可以在网上办理，信息传输实时准确，且电子单据易保存和快速传递，相比以纸质的发票为代表的原始凭证，传递的时效与效率都发生了变化，能够有效提高财务信息采集加工处理的效率。

（2）建立以计算机网络技术为平台的会计实时信息处理系统。随着信息技术的发展和应用，可以实现财务信息实时、主动、全面地收集并快速地处理与加工。

（3）高校财务管理流程信息技术的再造，其设计思想是实现业财融合。可以描述为：当经济业务事件发生，录入经济业务事件数据到各管理信息子系统，并将其存储到全局数据库中，然后对经济业务数据中的财务信息进行审核，通过后，编制记账凭证并保存到相应的数据库中（图1-4）。

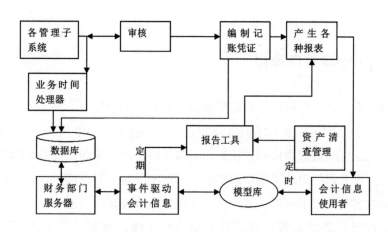

图1-4　信息一体化背景下高校财务管理流程

（二）校园卡财务管理流程

高校财务系统升级后可以将校园卡与高校财务系统对接在一起，实现校园事务一卡通办理，校园卡信息与高校学生、教职工的银行卡信息绑定，并确保财务安全（图1-5）。

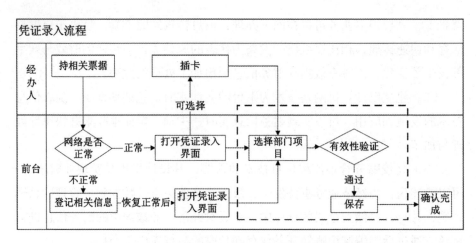

图1-5　二代校园卡在账务核算业务中的应用

（三）预算管理流程

预算管理是高校财务管理的重要组成部分。2018年9月1日，《中共中央、国务院关于全面实施预算绩效管理的意见》中提出，力争用3—5 年时间构建全方位预算绩效管理格局。预算的编制是由各部门编制，财务部门进行整体汇总。业务部门对预算编制的要求应该详细了解，财务部门也应该对业务的活动内容和新需求有所了解，从而实现业财双向充分沟通。

高校可以通过开发预算编报和项目库系统，规范"两上两下"预算编制流程，形成科学有据的学校预算，建立起预算项目储备库、申报库、执行库、完结库的项目管理体系，切实解决"项目等钱"问题，形成以预算编制为源头，以收支管理为主线，以执行分析为回路接点的预算管理大循环体系，形成预算、核算、决算、绩效考评一体化管理平台信息系统。

（四）医药费报销管理流程

医药费财务管理系统是否能够高效地为教职工、学生提供快捷的报销方案，将公费医疗与补充医疗完美结合，是人们一直关注的重点。这其中涉及很多问题，如现有的信息数据是否与教职工和学生实际的信息一致，报销比例、报销效率等问题都与高校的财务制度和财务管理流程有很大关系。借助计算机信息技术，采用系统集成方法，能够实现财务信息实时共享，提高相关业务办理的时效性，从而提高医疗报销效率，优化和完善医疗报销流程（图1-6）。

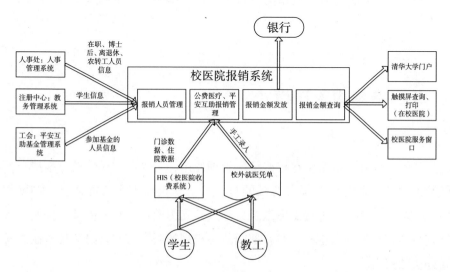

图1-6　医疗报销管理系统结构

第三节　高校财务管理模式

国内许多学者提出"统一领导、集中管理""统一领导、分权管理""一级核算、两级核算""两级核算、分级管理"等高校财务管理模式，上述分类基本上反映了我国高校财务管理模式的基本特点，但与高校实际的运行模式比较仍稍显粗略。为此，可以将高校财务管理模式分为以下四类。

一、集中管理模式

这种财务管理体制要求高校内部只设一级财务部门，统一领导学校的财务事务，集中管理学校的所有经费，在一级财务部门之外不设同级财务机构，学校所有财务收支都必须通过一级财务部门，校内其他部门、各学院等二级单位没有任何财权，也没有制订本单位内部财务规章制度及实施办法的权力。

二、准集中管理模式

学校将大部分资金留在校级统一管理使用，二级单位对学校分配或自己创收的很小一部分资金拥有有限的自主权。学校将主要的资金统一调度使用，教职工工资、水电费支出以及大部分开支由学校及其职能部门控制，各学院只拥有有限的自主权，对本部门能够控制的开支有制订财务规章制度实施办法的权力。

二级学院通常不设财务机构，由学校财务处统一管理。二级学院的可控经费主要由四部分组成：（1）学校分配给学院的经费，包括部分人员工资、学生经费、教学业务费等；（2）学生学费收入；（3）学院的创收收入，包括各类办班、对外服务创收等；（4）学院的其他收入，包括学院获得的捐赠收入、附属单位上缴的费用等。学院的科研经费由学校直接划拨给相应的项目组或教师手中，不受学院支配。

由此可以看出，二级学院实际可控的经费很有限，不利于提高学院资金配置的效率，更不利于学院的长期发展。

学校向二级学院划拨办学经费有两种方式：一是切块法，学校财务部门按财政预算项目进行预算，各项目预算经费分配到相关职能部门，再由这些职能部门按一定方式把各项目预算经费的大部分分配到学院，剩余部分留作宏观调控。此模式的弊端是，学校财政预算中各项目费用难以科学合理地确定：学校相关职能部门分配预算经费时截留了一部分，用于宏观调控，直接分配到学院的经费明显减少，因而很难按教育成本进行核算；学院的办学经费来自学校各个相关职能部门，学院很难统一计划、统一使用。二是高校把办学经费直接划拨到学院。分配方法采用生均定额法，即由学校财务部门按学院在校生人数分配学院办学经费，以每名学生为产出确定其经费投入成本。用生均定额分配方法的优点是计算比较简单，容易被二级学院所接受。缺点是容易造成学院之间贫富差距悬殊，造成某些基础学科和缺乏创收能力的学院人员经费和公用经费的开支紧张，使学校宏观调控能力减弱。

三、准分散管理模式

在这种财务管理体制下，学校也只设财务处作为一级财务部门，但赋予各学院一定的财权，也会在规模较大的学院设立二级财务机构，学院自行管理其创收经费的财务收支，对学校分配给其分管的经费自行安排使用。学校财务处负责制订统一的财务方针政策和统一的财务规章制度，负责学校总经费的核算，控制监督各部门的经费按学校的财务政策和财务制度使用，保证学院的经费实施办法不违反国家的财务政策。学院有权根据学校统一的财务政策和制度，制订学院内部具体的执行方案，可根据学校的财务政策和制度制订本学院经费使用实施办法，但各学院的经费支出、开支范围及开支标准，应接受财务处的统一监督。

四、完全分散管理模式

在这种模式下，学校以学院为成本中心和利润中心，是一种基于分散财务权力和责任的财务管理模式。高校把从政府得到的拨款，直接分配给有关学院，每个学院获得的经费再按一定的比例上缴学校。收上来的经费一部分

用于学校的财务管理，一部分用于校部人员工资、校舍维修、公共关系、校友联络等学校的公共费用。

虽然仍是由学校实行统一领导，但是学校却将大部分的财务决策权下放给学院，学院可以对学校分配的各项经费和创收留成收入，根据事业发展需要，进行调整、使用和核算。分散管理模式使学院能够更加直接地参与预算的制订和资源的使用过程，加强了各学院预算及资源分配的灵活性，同时使权力分散化，降低了信息成本，有效地解决了资源不足所带来的问题。学院的财务管理一般采取责任中心管理的模式，责任中心管理模式允许院长对学院的预算进行控制，也就是说，院长可以独立于学校自由地使用资金，并对学院的资金使用情况负责。二级学院成为相对独立的办学实体，学院的责任中心管理要有明确的责任目标和责任指标体系，以保证各部门所承担的经济责任的落实。不同的责任中心其责任指标的性质和内容也应有所不同。尽管有些责任中心的责任难以完全量化，但对各责任中心都必须确定责任指标体系。可以首先确定一个综合性强、能反映责任中心的基本业务及责任界限的指标作为牵头指标，在此基础上再加以细分，分解形成责任指标体系。

第二章　高校财务管理的风险控制及预警

随着市场经济的不断发展，我国高校抓住了国家教育体制改革深化发展的机遇，并在各方面取得了长足进步，但为了获得竞争优势，绝大多数高校超常规发展，进行新校区甚至多校区建设，大规模举债办学也是不争的事实。在市场经济体制构建的、全社会共享的高风险及高收益的经营机制中，高校财务也面临着前所未有的复杂局面。这就要求，各高校应建立针对市场环境的风险预警机制，培养对风险了解、感知、度量、决策、管理和控制的能力，做到提前防控风险，及时化解财务危机，并尽力在风险中捕捉到最大限度的资本利差。

第一节　高校财务风险概述

一、高校财务风险的定义

狭义的财务风险通常被称为举债筹资风险，是指高校由于举债而给高校财务状况带来的不确定性。这一定义产生在特定的历史背景下，也切实反映了扩招、评估压力下国内众多普通高校的财务风险来源，但是带有明显的局限性，不能代表高校财务风险的全部。

广义的财务风险是指高校在运营过程中，由于委托代理关系、财务治理等内外部环境因素作用所形成的财务状况的不确定性，从而使高校蒙受损失，造成其不能充分承担其社会职能、提供公共产品乃至危及其生存的可能性，是风险的货币化表现。这一解释从更宽泛的视角界定了高校财务风险的成因，拓宽了对高校财务风险的认识，有利于加强对高校财务风险的全面控制和管理。

二、高校财务风险的分类

从高校管理实际看，目前高校存在两大类型财务风险：财务状况总体失衡风险和高校举债发展形成的债务风险。具体见财务风险体系示意图（图2-1）。

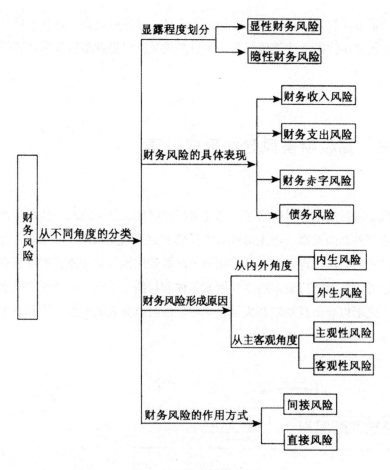

图2-1　财务风险体系图

（1）高校财务状况总体失衡风险

高校财务状况总体失衡风险，是指一个高校的财务状况在进行中的长期平衡的过程中的失衡现象。高校作为事业单位，在总体财务状况失衡方面不同于企业单位的是没有过高的负债率，不太可能出现资不抵债的现象（破产）。但是事业单位的流动资金是有可能短缺的，可能出现发不出工资、没资金用于日常开支、不能按时支付基建工程款等现象，存在财务状况失衡的情况。

（2）高校负债风险

高校负债风险是指高校向银行等金融机构进行过度举债或不良举债后产

生的严重影响教学、科研和人才稳定等不良后果的可能性。过度举债是指借款金额超过还款能力的举债行为。不良举债是指以借款维持日常运转的举债行为。

三、高校财务风险的形成因素

教学质量波动、科研水平、基建可行性研究、财务风险、体制摩擦、人才不稳等外部因素都会产生财务减收风险和财务增支风险。而这些外部因素除了自身的生成机理及其相互作用外，政策效应偏差会加重其程度。在自然偏差之外，政策效应偏差的主要因素是体制与制度缺陷、管理水平低和决策失误。之所以会出现缺陷和失误，学院职能与财务职能定位不当和财务行为不规范是关键因素（图2-2）。

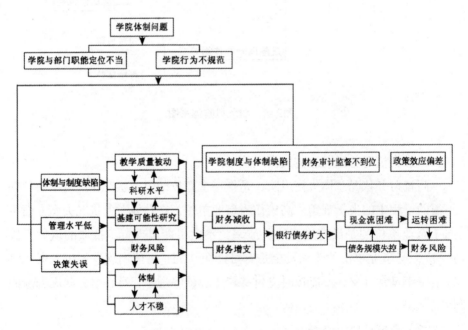

图2-2　财务风险传导机制示意图

四、高校财务风险的特殊性

由于高校与一般企业在各个方面的差异（表2-1），高校的财务风险也体现出其不同于企业财务风险的特殊性（表2-2）。

表2-1　高校财务活动与企业财务活动比较表

事项类主体类别	企业财务活动	高校财务活动
财务活动环境	处于买方市场，所有财务风险都可以通过企业财务指标衡量	处于卖方市场，部分财务风险，如营运质量下降引起的财务风险无法通过财务指标体现
财务活动目的	追求利润最大化	不以营利为目的
财务筹资独立性	大多数企业对政府的依赖性较小	对政府依赖性高，政策性强
财务支出补偿性	成本、费用直接从相配比的营业收入中获得补偿	除经营性支出外，其他各项支出都不存在从对应渠道获得补偿的可能性
财务周转能力	资金再生能力强	缺乏资金再生能力
财务风险评价重点	从盈利能力、偿债能力、资产管理能力、资产发展能力4个方面评价，其中盈利能力是重点	不以营利能力为评价重点，绝大多数高校财务风险的评价以偿债能力为主

表2-2　高校财务风险与企业财务风险比较表

风险主体类别	企业财务风险	高校财务风险
筹资风险	企业筹资风险是指与筹资活动相关的财务风险，包括负债和自有资金的风险，以及因筹资技术欠佳，资金投放、使用、收回、分配的不合理而引起的筹资风险	高校筹资风险主要体现为高校贷款风险，是指高校向银行等金融机构贷款后由于贷款结构不合理或贷款管理不善而使高校遭受经济损失的可能性
投资风险	企业投资风险是指由于投资项目的实际收益与预期收益之间存在偏差，给投资者带来的不利或亏损的可能性，主要包括投资额风险、收益风险、变现风险、购买力风险	高校属于非营利性组织，其投资风险主要体现在基建项目投资风险和校办产业连带风险两大方面

续表

风险主体类别	企业财务风险	高校财务风险
其他风险	企业其他风险包括资金回收风险和收益分配风险。资金回收风险是指企业从成品资金到结算资金，再从结算资金到货币资金两个转化过程时间和金额上的不确定性；收益分配风险是指由于收益分配而对企业未来的生产经营活动产生的不利影响，包括收益确认风险和对投资者分配收益的形式、金额和时间把握不当而产生的风险两种	高校其他风险表现为高校教育教学风险，是指由于师资力量不足，教师满负荷工作，知识得不到更新、提高，导致高校教育教学质量下降，科研能力减弱，培养出的学生名不副实，毕业生就业困难，最终使得高校信誉受损，办学效益低下，进而引发财务风险

第二节　高校财务风险控制

高校财务风险控制是指高校在充分认识财务风险的前提下，运用风险决策、风险防范和风险处理等手段对风险可能产生的损失采取补偿措施，以确保高校资金的运转连续、稳定和高效。对高校财务风险进行评价的最终目的是为了防范高校财务风险，使得高校保持良好的财务状况，健康、持续、稳定的发展。高校构建以财务风险控制为核心的高校财务管理体制是高校风险管理的一项重要工作。

一、高校财务风险控制原则

从根本上讲，高校财务风险控制仍属于高校的一项管理活动，并且越来越成为高校整个经营管理系统的核心内容。因此，高校在制定和实施财务风险控制策略的过程中必须遵循和利用高校管理的基本原则以及风险控制本身所要求的其他原则，这些原则主要包括以下几个方面。

（一）与高校总目标匹配的原则

高校总目标是高校一切经营活动的出发点和归宿。高校财务风险控制作为高校整体经营管理活动的一部分，其风险控制目标和策略的制定应该而且必须符合高校发展总目标的要求。一般来说，若高校以稳健经营为目标重心，则高校财务风险控制策略的制定和实施应以"保守"和"谨慎"为主；反之，若高校总目标强调增长和发展，则高校财务风险控制策略应倾向于"积极"和"冒险"。

（二）局部风险与整体风险防范与控制相结合的原则

高校经营成果是由多项相互关联的经营活动共同作用的结果。因此，针对高校局部或部门经营活动出现的风险制定和实施风险控制策略时，要考虑控制局部风险可能对高校整体风险防范与控制目标的影响，不能因片面追求局部利益或部门利益而损害高校的整体利益。高校局部风险控制策略的制定应以整体风险控制目标为指导思想。

（三）风险防范与风险处理相结合的原则

风险控制与风险处理相结合是高校财务风险控制总体目标本身所要求的。高校利益主体在认识和掌握财务风险本质的基础上，能够采取一定的策略措施以避免某些风险损失的发生。但由于风险控制主体自身能力的限制和外部环境的复杂多变，高校某些风险损失的发生在所难免，这就需要高校采取一定的策略措施进行风险损失的处理。只有风险控制策略与风险处理策略相结合，才能达到风险控制的最佳效果。

二、高校财务风险应对方法

贷款规模指标、支付能力指标、财务潜力指标、财务运转指标、资金动用情况指标、资金使用效益指标、偿债能力指标、组织预算外资金能力指标、财政补助指标、管理水平和运营效益指标、隐形债务指标等是构成财务分析指标的重要部分，见表2-3。

表2-3　财务分析指标

财务指标组成		内涵	计算	分析	标准
规模指标	年末贷款总额	反映年末累计贷款总规模	年末贷款余额	绝对值越大，财务风险越大	小于等贷款规模
	年末贷款利息额占总经费收入比重	反映承受财务风险的程度	（年末贷款余额÷总经费收入）×100%	比率越高风险越大	10%
支付能力指标	货币资金可供周转月数	反映现实支付能力	（年末货币资金÷月均支出额)×100%	越大，支付能力越强	越大越好
	年末净存款	反映可动用的流动资金	现金+银行存款+债券-应付款	越大则可支配和周转的财力越强	越大越好
财务潜力指标	年末净存款占总经资支出比重	反映财务潜力	年末净存款÷总经费支出×100%	越高则财务潜力越大	越大越好
财务运转指标	总支出与总收入之比	反映财务运转情况	总支出÷总收入	≤1财务运行正常；>1，动用历年结余，财务运转困难	1
资金动用程度指标	投资基金和借出款占事业基金的比重	反映事业基金的运用程度	（投资基金＋借出款)÷事业基金×100%	越高，可支配财力越小	越小越好
	专项资金占用额	反映总支出占用专项资金的程度	专项资金收支差额-总收支差额	越大，总支出占用专项资金越多	0

续表

财务指标组成		内涵	计算	分析	标准
资金使用效益指标	应收及暂付款占流动资金的比重	反映资金使用效益和财务管理水平	（应收及暂付款÷流动资金）×100%	比率越高，风险越大	越小越好
偿债能力指标	流动比率	反映短期偿债能力	（流动资产÷流动负债）×100%	越高则偿债能力越强	2
	资产负债率	反映财务风险的程度	（负债总额÷资产总额）×100%	越低则净资产越多、财务风险越小	超过20%较大财务风险
组织预算外资金能力指标	学生欠费率	反映实际收费能力高低	（欠费总额÷应收费总额）×100%	越低越好	0
	预算外收入占总经费收入的比重	反映自筹能力	（预算外收入÷总经费收入）×100%	越大则反映对财政的依赖程度越小	
财政补助程度指标	财政补助收入占总经费收入的比重	反映财政投入状况	（财政补助收入÷总经费收入）×100%	越高越好	越高越好
管理水平的运营效益指标	员均获取经费额	反映管理水平和运营效益	（总经费收入÷教职工年平均额）×100%	随着事业发展，员均获取经费能力越强	越大越好
隐性债务指标	基建投资支付能力	反映基建财务支付能力	（年末借款＋年末应付款）÷年末货币资金×100%	越小则支付能力越强、财务风险越小	越小越好
	购置教学仪器设备应收款	反映隐性债务高低		越小则隐性债务越小、财务风险越小	越小越好
	应付未付的基建项目工程款	反映隐性债务高低		越小则隐性债务越小、财务风险越小	越小越好

　　从财务分析指标看，高校财务风险主要由学院扩张、银行贷款造成。要实现控制风险就从贷款规模入手，从支付能力、偿债能力、财务运转等方面

加强管理，真正实行科学管理。

以H高校为例（表2-4），要仔细分析本校财务风险管理工作基本情况，拟定风险点、风险等级，并提出防控措施，将每个职责对应到部门、岗位和具体工作人员，才能做到真正的细化风险防控过程，做到责任到人到岗。

表2-4 H校主要风险点及防控措施

重点领域	风险点及表现形式	风险等级	防控措施
重大事项决策重大项目安排大额资金使用	重大事项界定不明确，没有按照集体议事程序、未经领导班子集体研究决策的风险。	高	严格执行董事会议事规则、院长办公会议事规则；合理配置权力，规范工作流程，强化权力有效制衡；制定《H校信息公开实施细则》等规定，实行校务公开、信息公开，接受监督。
	论证不充分，未能充分听取教职员工意见，未能集中广大教职工的意愿，出现重大事项决策失误的风险；造成重大项目安排、大额资金投向失误的风险。	高	严格执行学校有关议事决策规定，完善重大事项决策前论证和征求意见制度，完善党代会、教职工代表大会有关制度、畅通代表、群众意见建议征集渠道，加强群众监督。
	重决策、轻执行，对重大项目实施、大额资金的使用失去监管的风险。	高	坚持重大项目安排、大额资金使用集体决策制；完善项目责任制，加强监管和群众监督。
经费使用与管理	在大额资金的使用上，未经集体讨论，可能导致资金使用不当的风险。	高	认真执行学校议事规则和《H校财务管理办法》等制度，严格财务审批，明确开支审批金额或权限，严格执行程序，特别要加强对预算外资金的使用与管理。
	预算编制缺乏充分论证，或脱离学校、部门发展目标和方向的风险。	高	加强预算科学性与可行性论证；严格执行学校有关规定，各部门申报预算前必须经集体审定。
	预算执行不严格，预算调整未按规定程序进行审批的风险。	高	严格执行学校有关财务制度，严格遵守财经纪律，开展预算执行情况审计，强化预算硬约束，严格预算执行管理。

续表

重点领域	风险点及表现形式	风险等级	防控措施
经费使用与管理	经费管理、审批审核把关不严格，造成经费管理不规范的风险；财务管理制度不健全或执行不到位。对财务管理缺乏监管，可能出现挤占挪用公款、私设"小金库"等问题的风险。	高	严格执行国家相关财务制度，做到专项经费专款专用，开展专项检查，加强经济审计；建立健全相关财务制度；加强日常财务监督和审计监督，加强对各部门经驼管理的监督和指导。
	收费管理不规范、不严格执行教育收费，审批备案制度、对学校各类收费项目缺乏监管、可能出现高收费、乱收费等违规收费行为以及收支未做到"两条发"，私设"小金库"的风险。	高	严格执行上级相关部门收费标准批文，接受上级实时检查；加强对校内各类收费项目的监督管理，严格执行收支"两条线"，积极开展"小金库"专项治理；按有关规定公开信息。
	各类项目经费使用管理不严格，导致报销不规范、套取项目经费、列支与项目无关的费用、项目预算执行不严格的风险。	高	严格执行上级和学校关于各级各类教学、学科、科研等项目经费管理办法，细化相关操作规程，严格财务报销制度，加强对项目经费的审计力度。
	科研经费特别是横向科研经费的管理不规范，导致科研经费报销弄虚作假，奢侈浪费等行为。	高	严格执行上级有关制度和《H校科研经费管理办法》，严格报销审核。
物资设备采购	物资设备采购谈判、招投标工作流程设计不科学、不严密。	高	严格执行国家、省、学校物资设备采购相关规定，加强教育，加大采购工作信息公开力度，坚持公开公平公正原则，强化过程管理和监督。
	评标专家抽取和使用不规范的风险。	中	建立和完善H校评标专家库及管理等办法；严格保密制度，落实责任追究。
基建（修缮）工程	在采购项目实施过程中，由于监管不力可能发生刁难中标单位、验收走过场、索赔等风险。	高	严格执行国家和上级有关法规制度；加强监管，严肃查处违纪违法行为。

续表

重点领域	风险点及表现形式	风险等级	防控措施
基建（修缮）工程	项目前期论证不充分、图纸设计不科学，没有按规定报批，出现工程仓促上马等的风险。	高	完善学校项目论证决策制度，规范项目管理，明确职责，加强风险防范管理。
	擅自确定施工单位，信息不公开、过程不透明，条件设置缺乏公平性。	低	严格执行学校采购及基建项目招标管理等制度。
	合同签发、材料设备选定、工程款拨付、竣工验收等关键环节的制度不完善或执行不到位的风险；工程设计变更、工程造价增减和工程款拨付不按规定报批的风险；项目实施中发生变更而未按规定程序决策和执行的风险。	高	严格执行学校有关制度和规定，加强过程管理，完善工程审批管理规定，实行建设项目全程审计。
	项目竣工验收把关不严，或不按工程质量标准进行验收的风险。	中	严格工程管理与竣工验收管理，严格学校建设工程决算审计与善后工作管理，实行责任追究。
资产后勤管理	资产维护监管不力，职责不明确，造成学校资产流失、毁损以及违规出租出借的风险。	高	完善学校资产管理有关制度，做好资产的财务管理、实物管理、价值管理和绩效管理，完善学校资产出租出借制度，规范出租出借行为。
	未履行审批手续而自行处置资产，处置收入未纳入学校预算，低价处置资产，造成学校资产流失的风险。	高	严格执行学校资产管理有关规章制度，对造成学校资产流失的要进行责任追究。
	学校与后勤服务公司产权不清晰、管理不规范，监管主体、监管职责不明确，监管措施不力的风险。	高	完善后勤服务公司内部管理规章制度，强化内部管理及风险预警，建立健全有效的风险防控机制。严格遵守学校有关规定，自觉接受监督。加强对公司财务收支审计和总经理的经济责任审计。
	后勤服务管理体制不健全，服务职责不明确，经营管理不规范，计费标准不合理，缺乏考核和监管的风险。	中	进一步完善后勤服务管理体制和民主决策机制，明确经营性服务和公益性服务的职责范围；加强对后勤服务绩效的考核和评估。

续表

重点领域	风险点及表现形式	风险等级	防控措施
科研经费管理	可能发生学术不端行为，虚报冒领、套取科研基金的风险。	中	严格执行《H校学术规范及违规处理办法》，加强对学术行为的监督，加大对学术不端行为的处理力度。
	发生试卷泄密、阅卷弄虚作假、徇私舞弊等事件的风险。	中	严格保密制度，完善命题及评卷方法，提高科学化、规范化水平，加强过程监督和管理，确保公平、公正。

三、高校财务风险控制案例

（一）对被投资企业管理不规范

1.案例描述

A高校根据上级相关文件规定成立资产经营公司，负责学校校办企业的投资和管理，但截至2020年末，该校尚有9家校办企业未划转至资产经营公司管理。

B高校对附属出版社全额投资3000万元，根据上级相关文件要求，2019年11月在该出版社改制后，学校将持有的出版社股权划转至资产经营公司。截至2020年年底，该出版社由资产经营公司管理，但学校财务账面仍反映对出版社全额投资，财务账面未进行调整。

2.案例剖析

本案例中，上述两所高校对被投资企业管理和会计核算不规范，违反了以下规定：

《中华人民共和国会计法》第九条规定："各单位必须根据实际发生的经济业务事项进行会计核算。"

本案例中，高校没有将所有对外投资企业纳入资产经营公司管理，或是虽纳入资产经营公司管理，但财务部门却未及时进行账务处理，导致学校会计信息失真，不能真实反映学校财务状况，给学校带来一定的财务风险。分析其原因，主要有以下几点：

（1）学校领导对对外投资不够重视

一直以来，高校作为全额拨款事业单位，其主要收入来源是财政拨款和学费收入。对大多数高校来说，对外投资为学校带来的收益与财政拨款和学费收入相比，可以说是相差甚远。学校领导对对外投资普遍不够重视，有的高校甚至认为是为了分流高校的部分编制人员而成立校办产业。一些校办企业并未正常开展经营活动，每年还由学校贴补编制人员工资。

（2）部门间沟通协调不畅

本案例中，A高校成立资产经营公司，但仍有9家校办企业未纳入资产经营公司管理；B高校出版社改制后，学校财务账面仍反映出对其全额投资。从中可以看出，设立资产经营公司涉及学校领导以及资产、财务、人事等多个相关部门，各部门之间的沟通协调不通畅，意见不统一，导致资产经营公司在设立、管理等方面存在遗留问题。

（3）资产经营公司未能充分发挥其职能作用

有的高校虽成立了资产经营公司，但仍有部分投资企业游离于资产经营公司管理之外，资产经营公司未完全掌握学校所有对外投资的真实经营情况，未能充分发挥其职能。还有些高校虽成立了资产经营公司机构，但对资产经营公司如何管理、整合对外投资的资源、防控经营风险、为国有资产保值增值等方面概念模糊，且职责不清。

3.改进建议

为解决上述问题，充分发挥资产经营公司职能，规范经营性资产管理，提出如下建议：

（1）提高对对外投资重要性的认识

高校应高度重视对外投资管理，充分认识到对外投资收益是学校收入的一项重要来源，对学校的教学、科研、人才培养支持有着积极的意义。要严格按照相关文件的规定，对学校的对外投资进行全面清查，将学校的校办企业全部划转至资产经营公司归口管理，设置"防火墙"，全面完整反映学校对外投资状况。

（2）建立有效的企业管理机制

高校应明确资产经营公司的职能，通过资产经营公司进行国有资产的投资和管理，确保国有经营性资产的保值增值。根据学校的实际情况，建立以资本为纽带、产权明晰、权责分明、校企分开、管理规范的新型高校企业管理体制和运行机制。

（3）及时清理对外投资有关账务

要加强对外投资的后续管理，及时掌握被投资单位的财务状况、经营成果和现金流量情况，实时跟踪监督，及时收集与投资有关的财务信息。对外投资发生变化，要及时进行账务处理，保证学校财务信息的真实、准确。

（4）提高防范投资风险意识

高校应结合具体投资业务，规范投资行为，严格国有资产的使用和处置程序。充分利用财务报表提供的信息，从企业财务效益、资产运营、偿债能力、发展能力等方面综合考虑，提高防范投资风险的意识。

（二）违反规定进行金融投资

1.案例描述

C高校于2019年拟对校办企业进行股份制改造并争取尽快上市，以此提高校办企业的科研实力和发展后劲。2019年9月至2020年8月，该校时任校长在未经校领导班子集体讨论、未报有关部门批准的情况下，分三次与深圳某创业投资发展有限公司签订《委托资金管理协议》，将1亿元资金交由深圳公司在股票二级市场进行运作。2020年下半年，深圳公司质押的股票被相关证券公司陆续强行平仓，款项被划走，从而给学校直接造成3000多万元的经济损失，相关责任人已移交司法部门处理。

2.案例剖析

本案例中，该校违规进行金融投资，违反了以下规定：

《高等学校财务制度》（财教〔2012〕488号）第四十八条、《教育部关于进一步推进直属高校贯彻落实"三重一大"决策制度的意见》（教监〔2011〕7号）第一条第二款规定。

本案例中，该校没有严格遵守有关规定进行对外投资，给学校造成严重经济损失和恶劣的社会影响，之所以产生如此严重的后果，主要原因有；

（1）未执行"三重一大"集体决策制度

该校在进行对外投资的重大决策时，不遵守有关规定，未经学校领导班子集体研究决定，由个人或少数人专断，将资金交与投资公司在股票二级市场进行运作，学校没有建立对外投资集体决策议事制度和权限审批制度，如此重大的项目由校领导个人拍脑袋决定，从而给学校造成严重的后果。

（2）高校对外投资制度不完善

有的高校对对外投资疏于管理，在确定投资项目时，没有组织有关专家或专业机构对项目进行详尽的投资可行性论证，评估项目风险，全面衡量项目风险和收益，没有经过集体讨论，也没有报上级主管部门审批。在对外投资过程中，缺少对投资项目的跟踪监督，未能及时防范财务风险。

（3）对外投资监管乏力

高校缺乏投资管理方面的专业人才，即使在被投资单位派驻校方代表，但参与被投资单位管理的程度十分有限，对被投资单位的监督管理不到位。校内审计、纪检部门人手少，专业技术力量薄弱，无力承担对被投资单位的监管。

3.改进建议

为了规范高校对外投资，防范投资风险，维护学校合法权益，建议如下：

（1）明确对外投资的指导思想和目的

学校必须围绕国家宏观政策和高校自身的长期发展规划，针对自身的资源优势和专业特点，积极、有序、前瞻性地实施高校投资战略。

（2）严格对外投资的审批权限和程序

对于对外投资这样的重大问题，学校应该科学决策、民主决策、集体决策。学校相关部门应从提出对外投资建议、进行项目可行性研究到投资项目立项、决策审批等各个环节，都要建立严格的岗位职责，明确不同岗位、职位的不同审批权限，确保投资业务不相容岗位相互分离，切实发挥制约和监督作用。

（3）加强审计和投资绩效管理

要加强对投资项目的内部审计监督管理。建立健全投资项目的定期审计制度和定期考核制度，对投资项目或被投资单位的经营管理、财务状况和经济效益及时准确地进行分析评价，不断改进经营管理，提高投资效益。对于决策失误或投资后管理不善，造成对外投资较大损失的，应追究相关人员的责任。

第三节　高校财务管理风险指标预警体系建构

财务预警系统是反映高校财务运行情况的晴雨表，灵敏性越高，发现问题越早，越有利于高校管理者提前防范，避免财务危机的发生。因此，建立和完善高校财务预警系统，及时诊断出高校财务运行中的问题并预先发出预警信号，采取有效的措施将危机防范在萌芽阶段，对高校的生存和发展具有重要的意义。在设计财务风险预警指标体系的时候，应该选择那些能够真正、全面反映高校财务风险和灵敏度高的指标。

一、高校财务风险预警指标体系的建立方法

根据财务风险预警指标建立的原则，预警指标体系由偿债能力、营运能力和发展潜力3个一级指标和12个二级指标构成。财务风险预警指标的具体分类及计算公式如表2-5所示。

表2-5　高校财务风险预警指标体系

一级指标	二级指标	计算公式
偿债能力指标	资产负债率（%）	高校负债总额/高校资产总额
	债务负担率（%）	年末贷款余额/年度总收入
	贷款额度与科研经费收入比（倍）	年度贷款余额/年度科研经费收入
	短期贷款占全部贷款的比重（%）	高校短期贷款额/高校全部贷款额
	本年需还款与总收入的比（倍）	本年需还款额/年度总收入
营运能力指标	总资产收入率（%）	年度总收入/高校总资产
	学校年度收入支出比（倍）	本年实际总收入/本年实际总支出
	经费自筹率（%）	高校自筹经费收入/高校总经费收入
发展潜力指标	总资产增长率（%）	【（本年年末资产总额－去年年末资产总额）/去年年末资产总额】×100%
	学费增长率（%）	【（本年学费总额－去年学费总额）/去年学费总额】×100%
	财政拨款增长率（%）	【（本年财政拨款总额－去年财政拨款总额）/去年财政拨款总额】×100%
	科研经费增长率（%）	【（本年科研经费总额－去年科研经费总额）/去年科研经费总额】×100%

在财务风险管理体制明确的前提下，高校财务风险预警机制关注的是各种预警手段与方法的选择、预警程序的优化、预警机制的优化等一系列问题。

（1）风险预警进程与结构设置

一般而言，高校财务风险预警是由各种工具表现出各个行为的综合，而这种进程也是以预警目标与任务指导下的整体结构，逐级和依次完成的。为了有效地防范与降低财务风险，要尽可能将风险的各种关联和过程在一个完整的预警体系中得到控制，这个风险预警进程与结构可以用下列图解来表明（图2-3）。

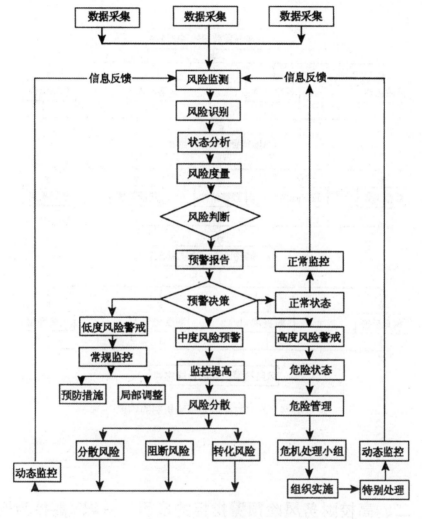

图2-3　风险预警进程与结构

（2）风险预警机制的完善过程

财务风险预警机制构建本身是一个不断探讨与完善的过程，它需要前期的各种基础准备工作，在对风险进行认知、分类的基础上，正式组建财务风险预警机制，具体对预警信号进行采集与处理，其中也包括预警组织与人员的配备。然后，对预警机制进行调整与修改，具体包括对数据库、制度和工具等的完善，最终对财务风险预警机制进行完善（图2-4）。

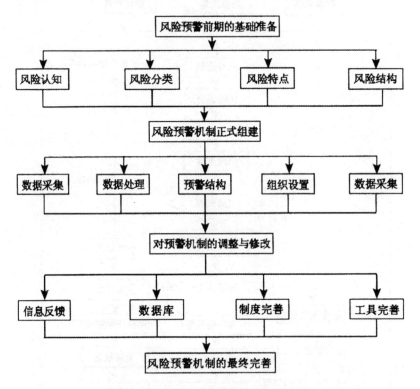

图2-4　高校财务风险预警机制的构建

二、高校财务风险预警指标的应用——以Y高校为例

（一）高校财务风险预警模型的建立

Y高校是一所历史悠久的大学。下面以Y高校各项财务数据为例，整理

出该校各项财务指标数值，如表2-6所示。

表2-6　Y高校各评价指标的数值

一级指标	二级指标	正向化后的指标数值
偿债能力指标	资产负债率（%）	330.91
	债务负担率（%）	50.40
	贷款额度与科研经费收入比（倍）	0.30
	短期贷款占全部贷款的比重（%）	341.41
	本年需还款与总收入的比（倍）	8.33
营运能力指标	总资产收入率（%）	15.23
	学校年度收入支出比（倍）	1.00
	经费自筹率（%）	65.48
发展潜力指标	总资产增长率（%）	−7.86
	学费增长率（%）	7.68
	财政拨款增长率（%）	1.58
	科研经费增长率（%）	14.00

根据对上表Y高校各项指标数值的分析可得：Y高校整体的财务风险较小，财务情况基本稳定，其大多数指标数值均处于正常范围。但是，从表中也可看出，Y高校的偿债能力较差，发展潜力指标中，总资产增长率出现了负增长，这是Y高校需要注意并采取措施改善的地方。尽管Y高校整体财务风险不高，但也需要通过进一步完善，消除财务风险隐患，将财务风险值降到最低。针对Y高校财务状况的现状，在此提出以下几点改善措施：第一，基于Y高校偿债能力较差的情况，建议制订合理的负债规模，根据实际情况限定负债期限。第二，建立完善的财务管理系统保证财务管理的正常运行，通过管理系统的维护，可提升Y高校财务管理系统升级，规避更多财务风险的产生。第三，拓宽经费来源渠道，强化经费支出规定，做好收支预算。

第三章　新形势下高校财务基本业务管理

　　随着时代的发展和经济社会的需求扩大，现代管理的信息范围日渐扩大，金融工程信息、会计核算和财务管理系统、财务数据仓库等均已纳入财务管理中。现在大部分高校已经初步建立了会计核算和财务管理系统，为方便财务管理逐步建立起电算化系统或局域网系统进行辅助，使得财务信息管理工作公正、高效得到了保证，为学校各种决策的做出提供及时、完整的财务信息作为参考。

第一节 "大智移云物"时代高校财务基本业务概述

一、"大智移云物"时代

信息技术的每一次"振翅",带给人类社会的进步都呈倍数效应。技术进步引发了人类社会的四次工业革命:第一次工业革命,伴随着蒸汽机的轰鸣,机器取代人力担任部分生产活动,分散的手工作坊转变为工厂;第二次工业革命,电灯照亮了夜空,工厂走向流水线,管理和操作分离,管理成为科学;第三次工业革命,计算机开启了信息时代,实现了生活的自动化、生产的自动化和办公的自动化;现在,第四次工业革命正如火如荼,以"大智移云物"技术为代表,智能化理念不断融入生活的点滴,智能化制造效率惊人,海量的数字信息蕴藏着未来的无限可能,智能化时代已然到来(图3-1)。

图3-1 信息技术的发展

追溯财务的发展历程，技术进步也引发了财务的四次变革。第一次变革，1494年卢卡·帕乔利的复式簿记是现代会计的发端，复式记账法能清晰地反映企业业务往来和经营状况，"借贷必相等"至今仍被会计学奉为圭臬；第二次变革，1946年计算机的诞生引发了会计电算化，传统的手工账被搬到计算机上，实现了计算能力和存储能力的巨大飞跃；第三次变革，互联网出现，跨越时空的障碍，把封闭、分散的财务聚集到一个点上，通过流程再造和信息系统再造实现了财务共享；现在，第四次会计变革大幕已启，"大智移云物"革新了财务的技术工具，悄然改变着财务的工作模式，财务工作将更趋自动化、数字化和智能化。

（一）大数据

大数据是互联网背景下产生的巨量数据集合，其来源甚广，小到个人的吃穿住行用，大到浩瀚宇宙的一次天体运动，囊括着人类社会的各类活动。麦肯锡将大数据的特征总结如下：海量的数据规模、快速的数据流转、多样的数据类型和较低的价值密度。数据已经渗透到当今每一个行业和业务职能领域，成为重要的生产因素，而人们对于海量数据的挖掘和运用，预示着新一波生产率增长和消费者盈余浪潮的到来。海量、高维度且可实时接入的数据逐渐成为企业的宝贵财富。如何在这海量的数据中挖掘有用的信息，将无意识的数字转化成有价值的商业洞察，便成了企业未来发展的关键所在。维克托·迈尔–舍恩伯格在其著作《大数据时代》写道，大数据分析摒弃了原有的随机抽样分析，转向对全部数据进行分析，弥补了抽样调查的随机性和片面性，从而能更准确地预测未来。大数据分析不再沉湎于历史以探求"为什么"的问题，而关注于即将发生的未来，成为新发明和新服务"取之不尽，用之不竭"的源泉。就像望远镜能让我们遥望宇宙，显微镜能让我们看见微生物一样，大数据将带我们看到一个更加精细也更加广袤的世界。

（二）智能化

智能化是指由现代通信与信息技术、计算机网络技术、行业技术、智能控制技术汇集而成的针对某一个方面的应用的智能集合。从睁眼的瞬间开始，智能化就不断渗透到生活的方方面面和各行各业，诸如全屋智能（如扫地机器人）、无人驾驶汽车、智能化建筑、智能化医疗、智能化工厂等。智能化的本质就是用物力解放人力，构建一种新型的人机交互关系，使得人工智能成为传统生产要素（资本和劳动力）的有益补充，促进工作方式和生产方式的转变。流程机器人（RPA）和人工智能（AI）是智能化领域的两个热点话题，RPA与AI的关系就好比人的肌肉和大脑，RPA执行指令、AI发布指令。RPA是流程节点的自动化，是不改变原有的IT框架的快速优化。而AI则赋予机器人类智慧，让机器学会观察、说话和思考，系统通过自发的学习甚至可以帮助解决人不能解决的问题。国际数据公司（IDC）分析指出，智能机器人产业在中国的市场规模有望在2027年达到1.6万亿元人民币以上，从宏观经济层面来看，中国5%～8%的GDP将由机器人拉动和促进。埃森哲预测，AI可将劳动生产率提高40%，使人们更有效地利用时间，到2035年，AI能使年度经济增长率提高一倍。

（三）移动互联网

移动互联网是互联网与移动通信在各自独立发展的基础上相互融合的新兴领域，主要由移动终端、移动通信网络和公众互联网服务等三要素构成，涉及无线蜂窝通信、无线局域网以及互联网、物联网、云计算等诸多领域。手机、电脑等终端作为生活交互的主要载体，已经成为现代人的"必需品"。中国互联网协会《2018中国互联网发展报告》统计数据显示：截至2017年底，中国网民规模达7.72亿，普及率为55.8%，手机已经超过电脑成为最主要的上网设备。移动互联网技术的影响可谓是"无处不在、无所不能"，移动购物、移动营销、移动搜索、移动游戏、移动阅读、移动出行、移动理财、移动健康、移动教育……移动互联网和丰富的移动应用构建了一个庞大的移动互联网络，统一了现实社会和虚拟社会，塑造了人们"移动化"的交互方式和生活方式。

（四）云计算

云计算是互联网络下的一种新型的信息获取方式或信息使用模式，云是客户端信息资源的集合，资源包括网络、服务器、存储、应用软件和服务。云技术的诞生就相当于产业革命时期建立的发电厂，把CPU运算资源（云计算）和数据资源（云存储）比作电力，不论是用户还是生产者，再也不需要自己制造发电机（买服务器、配置系统、维护数据库和网络）了，只需要将插座（终端）接上电源，之后按需求和使用量弹性付费。用户通过手机、电脑等方式接入数据中心，按照自己的需求进行计算，以更低的成本、更高的可靠性、更灵活的扩展性，打破时间的瓶颈和空间的束缚。云服务可以支持任何企业或个人提出的在运用管理方面的需求，无须企业自行建设，企业可以将精力聚焦在核心业务上。

（五）物联网

物联网是物物相连的互联网，将各种信息传感设备与互联网结合起来而形成的一个巨大网络。物联网虽然以互联网为基础，但两者有所区别，互联网指向虚拟，而物联网朝向实体，物联网技术更为复杂、应用也更加广泛（图3-2）。物联网技术旨在将新的IT技术充分嵌入各行各业，打破垂直行业的"应用孤岛"，促使大规模开环应用的发展，让原本毫无生机的物体通过"联网"获取强大生机，赋予物体学习能力，使其能够感知用户行为并进行相应的调整，实现更加智慧的人机互动，探求人与物之间更加和谐、共融的相处方式。芯片是物的"大脑"，物联网技术将芯片嵌入各类物品，赋予其感知能力和学习能力。冰箱告诉你牛奶要喝完了、汽车带着沉睡的你到达目的地、灯泡根据天气自动调节亮度……物联网让一切美好的生活想象变成可能。而生活的变化也会引发生产的变化，制造业也开始向智能化转型。埃森哲在《物联网+：制造业向智能服务转型的新引擎》中提到，未来的制造业不只是制造硬件，软件和服务在制造业中会逐渐占据主导地位，物联网为企业的智能服务转型提供了支持，企业借助物联网产生的数据优化生产流程，提高运营效率；更为重要的是借助物联网，企业得以持续感知客户的需求，创造新的服务模式，推动业务增长。物联网技术将数字世界和物理世界紧密相连，连接了大量物品数据，这是不同于以往的一种新型数据。新型数据的处理方式将造就新的商业模式和新产品，而这也正是物联网技术的价值所在。

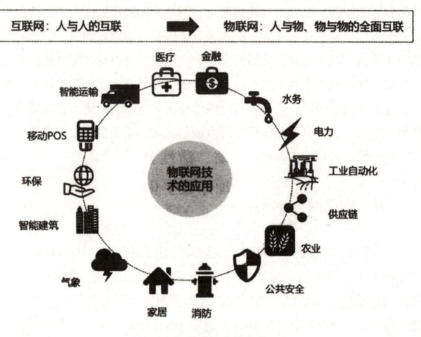

图3-2　物联网技术的应用

二、"大智移云物"时代背景下高校财务管理

"大智移云物"革新了高校财务管理转型的工具，财务转型呈现出新的趋势，财务职能更多地向分析、建议和预测转变。财务各环节的管理主要包括财务管理信息化、预算的管理和控制、收入的管理和控制、支出的管理和控制、资产负债的管理和控制、决算的管理等。财务管理信息化的主要手段

是会计电算化、财务管理网络化、银行付款电子化等；预算管理和控制的主要内容有预算管理的内容、编制程序和方法、应注意的事项、预算执行控制等；收入管理和控制的主要内容有收入的分类、收入管理岗位分工、收入的管理要求、收入的管理方式、收入的控制手段和多渠道筹资管理等；支出管理和控制的主要内容有支出的分类、支出管理的基本要求、支出审核原则和注意事项、费用审批与审核、支出的控制办法、基本支出的管理、项目支出的管理等；资产负债管理和控制的主要内容有高校资产的购置和使用管理、负债的控制、净资产管理等；决算管理的主要内容有年终清理、年终结转和分配、决算报表编制、财务分析等。除此之外，财务部门管理系统还承担着二级单位财务监管和二级财务机构人员的管理、对外联络，以及同相关行政主管部门进行协调，包括教育主管部门、财政部门、物价管理部门、税务部门等。

第二节　财务预算管理与成本控制

一、财务预算管理

中国有句俗话："凡事预则立，不预则废。"一段时间以来，高校对预算管理重视不够，造成学校发展规划和事业计划与学校的资金供求相脱节，使得教学事业发展缺乏有力的财力保证。在多数情况下，学校预算成了向上级财政部门争取拨款的工具，没有发挥预算管理的重要作用。

2020年12月30日，习近平总书记主持召开中央全面深化改革委员会第17次会议，审议通过了《关于进一步深化预算管理制度改革的意见》。国务院于2021年3月颁布了《国务院关于进一步深化预算管理制度改革的意见》进一步指明了我国的预算管理的改革方向。但是高校作为基层预算单位对此反应还比较滞后，高校预算的重点更多的还是停留在预算申报和资金支付方面，对预算绩效的关注相对较少，存在"钱与事不匹配"和"权与责不对等"的问题，这就导致高校争取到的有限资源不能发挥最大效用。

（一）财务预算管理的内涵

高校预算，是指高校根据事业发展规划和计划编制的年度财务收支计划。高校预算一般由财务部门于年初根据学校总体工作安排以及年度收入数、各二级单位（包括部处）支出申请数汇总编制而成，高校预算一般要经过预算委员会、校长办公会、党委会和职工代表大会讨论决定，一般以学校正式发文方式向全校发布施行。

高校的财务预算工作既专业又严肃，需要由专业人士编制。预算是系统工程，涉及部门多、事项多，高校预算管理人员应当重点关注预算编制不准确的风险、预算编制不科学的风险、预算程序失控的风险、预算管理不到位的风险和预算评价不客观的风险。全面预算管理不只是财务人员的事情，每个人都应该参与到其中来，这要求将预算管理的具体内容合理地分配至各个职能部门，并且要明确每个人的职责，明确每个部门的责任，合理规划整个组织体系。

（二）高校预算管理案例分析

1.预算执行过程中虚列支出

（1）案例描述

某高校为鼓励二级院系创收活动，规定对于举办的各种创收培训班，按照收费总额的一定比例分成作为院系发展福利基金。上级主管部门委托会计师事务所在对该校进行2019年度预算执行情况和财务决算审计时，发现某二级学院当年取得对外各类短期培训费收入800万元，根据学校内部的分成比例30%即240万元作为院系发展福利基金，直接作为支出计入代管款项，当年在该代管款项实际列支有关支出50万元。另外，当年发生的应付未付的工资薪酬15万元，年底尚未发放。

（2）案例剖析

本案例中，该校做法违反了《中华人民共和国会计法》第二章第九条、《中华人民共和国预算法实施条例》（国务院令第186号）第六十七条、《事业单位会计准则》（财政部令第72号）第三十八条、《部门决算管理制度》（财库〔2013〕209号）第十七条、《高等学校财务制度》（财教〔2012〕488号）第二十九条、《国务院关于进一步深化预算管理制度改革的意见》第十六条的规定。

在部门预算执行和其他财务收支中，虚列支出已成为高校较为突出的问题，严重影响着预算收支的真实性，亟须引起高度重视。

①虚列支出的表现形式

将当年未支出的款项转入代管款项、暂存款等负债类会计科目，形成虚列支出。本案例中，该校取得各类培训费收入800万元，直接将30%分成作为福利基金列作支出，转入代管款项管理，虚增当年财政支出数，形成虚列支出。

会计报表虚报当年支出数，形成虚列支出。有的高校年底将当年未支出的款项结转下年，但在编制决算报表时虚列当年支出数，导致账表不符，形成虚列支出。

通过虚报发票，将学校资金转到账外运行，形成虚列支出。有的高校年底将当年未完成的项目经费，用虚假发票列报支出数，将资金转到账外运行，形成虚列支出。

②虚列支出形成的原因

个别高校为了本单位的利益，编制虚假的会计报表，套取国家财政资金，用于弥补本单位其他项目经费不足及其他不合理支出。

财政管理部门为及时全面实现当年预算，对预算执行部门和单位的财政收支指标进行清理，年终决算时，对于当年未及时实现支出的部门和单位的基本支出和项目支出指标予以收回。个别高校为了避免基本支出指标和未完成项目资金被财政清理收回，临近年终时对未支出的财政资金虚列支出。

会计核算错误，将属于应由预算内进行收支核算的事项，转入预算外核算。按照全面预算管理的有关规定，单位所有收入、支出均应纳入预算管理。

③虚列支出的危害

会计信息失真，影响领导决策。个别高校通过虚报发票、编制虚假报表、提供虚假信息等手段虚增当年财政支出，转入结余的支出数大于当年实际支出数，导致单位会计信息失真，不能客观、真实地反映单位当年收支及结余情况，给单位领导的财务决策提供不真实的财务数据，从而造成本单位财政收支及下年度预算等情况的不实。

大量资金滞留闲置，不能发挥应有的效益。由于虚报单位财政支出，而实际没有发生相关支出，将资金转到单位"代管款项""暂存款"等会计科目，没有按规定的时限要求和资金用途投入相关领域和项目，致使大量资金滞留于单位账面，不能发挥其应有的效益，从而降低资金的使用效率和绩效。

套取预算资金进行"体外"循环。通过虚报发票等形式，将资金转到账外运行，公款私存，形成"小金库"，主要为请客送礼、公款吃喝、公款旅游、乱发津贴、补助、加班费和奖金等提供资金来源，给少数违法乱纪者提供了方便，容易滋生贪污腐败。

（3）改进建议

本案例中，该校预提的院系发展福利基金，在编制决算时应按实际支出金额据实反映。根据财务管理和会计核算的有关规定，学校要正确执行"收支两条线"管理。该校收入预算不完整，某二级学院当年取得对外各类短期培训费收入800万元中分成的240万元作为院系发展福利基金，直接作为支出计入代管款项，存在虚支套用的现象。正确做法是将800万元培训费用全部纳入学校收入预算，设置会计核算项目，按学校分成办法，分配240万元纳入二级院系预算指标管理，进行项目核算。年底应付而未支付的15万元应付工资薪酬，作为"应付职工薪酬"科目，计入当年支出核算。

为了规范预算支出管理，杜绝虚列支出现象的发生，建议从以下几方面着手。

首先，加强单位预算管理，真实准确核算财政收支情况。要严格预算约束，按照批准的单位预算，真实准确地核算单位的财政收支情况。

其次，加强会计核算，不得将预算内收支核算的事项转入预算外核算。高校应加强预算管理，健全学校预算管理制度，严格执行全面预算管理的有关规定，单位所有收入支出均应纳入预算管理，加强预算管理，健全学校预算管理制度，严格按照预算支出，保证各单位资金的合理支出以及规范使用，不得虚列虚报。

第三，加强审计监督，严禁虚列支出。审计部门要充分发挥其监督职能、"免疫系统"功能，切实加强对单位的预算执行及其他财政收支情况的审计，审查财政收支、财务收支及其有关的经济活动是否真实发生，有关资料是否如实反映。

2.校级预算与上级批复不一致且编制不完整

（1）案例描述

上级主管部门批复某高校2019年预算控制数为10.93亿元，其中基本支出8.81亿元、项目支出2.12亿元，在基本支出中，人员经费6.42亿元、日常公用经费2.39亿元。该校接到上级批复后，在编制实际执行预算（以下简称"校级预算"）时，未根据上级主管部门批复预算进行资金安排，而是重新编制校级预算12.59亿元，超上级主管部门批复预算1.66亿元。另外，该校省财政专项M项目在2018年10月基本完成，项目结余结转200万元，根据财政部门规定和要求，应将该项目结余资金留存使用编入2019年学校预算，但该校在编制2019年度预算时，未将该项目结余资金纳入预算管理，而是作备用以弥补其他项目资金不足。

（2）案例剖析

本案例中，该校未将上年度结余结转资金编入本年预算，违反了以下规定。

《事业单位财务规则》（财政部令〔2012〕第68号）第二十九条规定："财政拨款结转和结余的管理，应当按照同级财政部门的规定执行。"

《高等学校财务制度》（财教〔2012〕488号）第三十二条规定："高等学校财政拨款结转和结余资金的管理，应当按照同级财政部门的规定执行。"

本案例中，该校校级预算与上级批复预算不一致，未根据财政部门批复安排校级预算，且未将上年度财政结余资金纳入预算，究其原因，主要有：

①对部门预算编制工作不够重视

《中华人民共和国高等教育法》第四十一条规定："高等学校的校长全面

负责本学校的教学、科学研究和其他行政管理工作，行使下列职权：（五）拟订和执行年度经费预算方案，保护和管理校产，维护学校的合法权益。"因此，高校预算编制和执行好坏都与高校领导重视程度有关。高校预算编制工作主要由财务部门负责，但预算编制内容涉及学校的方方面面，需要相关部门的密切合作、协同配合，而在实际工作中，有些高校没有明确各单位的责任，分工不合理，责任不明确，部门间相互配合不够，预算编制由财务部门单独完成，难以保证预算编制工作质量。

②高校预算"两张皮"现象普遍存在

高校预算"两张皮"是指高校在预算管理过程中，省级部门预算与高校校级预算本应保持一致，实际工作中却表现为各行其是而导致的相互割裂。在本案例中，上级部门对该校下达的预算控制数为10.93亿元，而学校在校级预算中，预算总额为12.59亿元，超出上级财政部门批复预算1.66亿元，存在预算"两张皮"的现象。

究其原因：一方面，省级部门预算与高校预算编制时间的差异。部门预算一般在每年度8—12月编制，次年初下达各高校，而有些高校在省级部门预算下达后重新编制校级预算，一般时间为预算年度的2—4月份，从而形成了"一个学校、两本预算"的现象。另一方面，省级部门预算与高校校级预算编制口径的差异。在编制省级部门预算时，有些高校对收入预算和支出预算编制过于笼统，可执行性不强；而在编制校级预算时，根据学校工作计划细化各支出项目，并结合学校实际擅自增加了部分支出，从而导致与省级部门预算的较大差异。

③未将财政拨款项目结余资金纳入预算

该校未将2018年已完工的M项目财政拨款资金结余200万元纳入2019年预算，主要原因是：会计核算管理意识不强；有意混淆专项资金和日常运行经费核算，有的高校未将专项结余资金结转下年使用，而是作为收入结转到事业结余，然后在年终决算时转入事业基金；明知专项资金必须专款专用，但仍以经费紧张为借口挪用、挤占专项资金。

（3）改进建议

为规避此类违规行为的发生，进一步规范预算编制，促进校级预算与上级批复预算相一致，提出如下建议：

①提高认识，高度重视部门预算编制工作

部门预算编制质量的好坏，直接关系到年度经费需求的保障程度、各项工作的正常开展以及各项任务的顺利完成。因此，高校要把预算编制作为一项重要工作，切实加强对部门预算编制工作的领导。

②减少差异，消除预算编制"两张皮"现象

高校要根据学校事业发展目标和计划科学合理编制年度预算，衔接好校级执行预算与上报省级部门预算，按照上级主管部门批复的预算指标，细化支出项目，但不得编制赤字预算。校内相关部门要通力合作，业务财务相融合，准确统计各类人员资产等预算所需各项基础信息，提高预算编制的准确性；掌握预算编制的政策和要求，科学合理地编制预算，增强预算的前瞻性和可行性；坚持预算的刚性原则，严格执行预算，加强预算执行监督，规范预算调整，提高预算执行效率，将预算编制、预算执行、预算考评分离，形成相互制约的有效机制。

③加强财政结余资金管理

目前，各省财政部门按照《国务院关于进一步深化预算管理制度改革的意见》的要求，利用信息化手段建立财政资金运行监测分析平台，通过运用大数据思维和现代信息手段，及时掌握财政资金分配拨付使用情况，自动记录和同步反馈监督信息，进一步筑牢财政资金的"安全网"。

作为高校，首先要规范会计核算。按照相关制度要求对经常性结余和专项结余进行明细核算；对专项资金要分项目核算，核算具体项目的资金拨入、使用和结存。其次，规范专项结余资金管理。财政部门在下达各专项资金计划和拨付各专项资金时，已经对专项资金结余管理提出要求，高校应根据财政部门有关专项资金管理办法和要求，严格执行财政部门相关规定。经财政部门批准的专项资金结余应纳入下年度部门预算的，高校要科学合理安排专项结余资金的支出预算。第三，高校应进一步强化部门预算约束意识，避免预算编制流于形式，要全面、真实地反映部门收支状况，将所有收入、支出、上年各类结余资金全部纳入部门预算，所有资金统筹安排使用，切实提高财政资金使用效益。

（三）高校预算管理创新研究

（1）健全预算的议事决策机构。设立预算决策机构、执行机构和监督机构。财务部门负责预、决算的编制工作，审计部门负责预、决算的监督工作，学术委员会对项目立项、预算项目库建设提出论证、咨询意见，职工代表大会对预算决策工作进行讨论，校长办公会和党委会对预、决算进行决策。总会计师或分管财务工作的校领导应协助学校主要负责人开展预、决算管理工作。

（2）设立预算工作委员会。设立由校领导、专家教授、财务部门和业务部门负责人和教职工代表构成的预算工作委员会，负责研究、制定预算政策，讨论年度财务预算安排原则和预算编制方案，协调解决预算编制、调整与执行过程中出现的问题，审查财务预算执行情况，开展预算绩效考核和预、决算结果分析评价，为学校财务预算工作提供科学的决策建议。

（3）设置预、决算管理岗位。在财务部门内设置预算管理、决算管理和预算考核岗位。以制度的形式明确预算岗位、决算岗位和考核岗位的职责权限，确保预算编制与预算审批、预算审批与预算执行、预算执行与预算考核、决算编制与审核、决算审核与审批等不相容岗位的分离，保证所有数据都有不同的人员复核。

（4）建立预算质询制度。由预算编制单位向预算委员会、预算领导小组等专门机构就预算编报理由进行解释和答辩。对预算执行结果和实际结果之间的重大差异进行解释和答辩，及时吸纳来自各方的意见和建议，增强预算编制的透明性。

（5）围绕预算管理的主要环节加快建立全方位、全过程、全覆盖的预算绩效管理体系。加大预算执行考核力度，做到"花钱必问效，无效必问责"。

表3-1　高校预算、决算管理可能存在的风险和需要采取的措施

可能存在的风险	需要采取的措施
预算编制不准确的风险	健全预算决策机构、工作机构和监督机构，结合发展需要和资金可能编制预算
预算编制不科学的风险	按照上下结合，分级编制，逐级汇总，"两上两下"的程序编制学校的综合预算
预算程序失控的风险	明确预算批复责任和预算追加调整的相关制度和审批程序，定期公布预算执行进度
预算管理不到位的风险	设定预算支出控制指标，定期分析并通报预算执行情况，强化审计评价结果的运用
预算评价不客观的风险	建立预算评价工作机制，完善预算评价的各项指标体系建设，完善评价专家库建设
决算信息不真实的风险	建立"先有预算，后有支出"的预算支出机制，定期组织清产核资，清理往来款项

二、财务成本控制

（一）教育成本的内涵

教育成本作为经济范畴，是指培养学生所耗费的社会劳动，包括物化劳动和活劳动，其货币表现为由社会和受教育者个人或家庭，直接和间接支付的培养学生的全部费用。但是，不是所有投入学校或社会的教育资源，均属教育成本范畴，只有那些用于培养学生的、可以通过直接归集与间接分配到学生上的可用货币计量的资源，才构成教育成本。严格来说，教育成本包括以下三方面（表3-2）。

表3-2　教育成本的内容

培养成本	即学校为培养一定数量和层次的学生所支出的一切开支和耗费。
增量成本	即学生为学习或读书所增加支付的生活费用。
机会成本	即学生因为学习而未能参加工作等带来的机会损失。

对于学校来说，教育成本往往被视为学校为培养学生支出的费用，其他两项则忽略不计，即以培养成本代替教育成本。

（二）高校成本控制案例分析

1.案例描述

某高校2017年的国家自然科学基金项目结题42项。2019年教育部在对该校科研经费检查中发现：上述42项已结题项目经费仍有一半以上项目经费存在账面结余，在这一半以上的有结余项目中，结余程度各有不同，11个项目结余额约占项目经费的5%-10%，7个项目结余额约占项目经费的10%-20%，3个项目结余额约占项目经费的20%-30%，2个项目结余额约占30%以上，并存在与课题无关的支出行为。这充分说明了该校的科研项目虽已结题但经费结余的现象较为严重。

2.案例剖析

在本案例中，该校出现的科研项目结题不结账的行为在案例发生时是违反了《国务院关于改进加强中央财政科研项目和资金管理的若干意见》（国发〔2014〕11号）的相关规定。随着2021年8月5日国务院办公厅颁布了《关于改革完善中央财政科研经费管理的若干意见》（国办发〔2021〕32号）文件后，虽然已经放宽了对科研项目结余的管理，但是结余资金依然要做适当的账务处理。科研项目资金结余过大说明有限的科研经费的使用绩效不佳。

在本案例中，该校科研项目结余资金过大的问题产生的原因包含以下几点。

（1）科研项目经费预算不准确

首先，由于科研项目经费来源不同，对预算管理要求也有所不同，致使预算编制标准缺乏统一性。其次，科研工作人员对预算管理工作的重视力度较低，预算编制缺少专业人员指导。预算编制作为一项专业性且系统化的工作，在编制过程中，受到对预算科目理解程度、市场价格变化、项目执行不可预见性等因素的影响。部分高校科研人员专业水平较强，但是缺乏财务管理方面知识，科研人员不会将更多的精力及时间放置在预算管理上，导致最终管理效果较差。并且在实际工作中，各部门之间交流不充分，使得财务人员在进行科研项目经费预算编制过程中，只能根据现有的财务信息来进行，而无法从全局入手实现财务预算方案制定，使得在开展科研经费报销工作时，缺少完整的信息支持，导致最终方案和高校实际之间存在差异，无法具体展现出高效科研经费支出情况，造成超预算等问题出现。第三，有的科研人员认为申请到科研经费是个人能力的表现。只要从事与科研活动有关的活动就该支持，很少顾及科研计划中的经费预算事项，与国家有关科研项目经费管理的要求相差很远。虽然制度规定预算一旦通过，不应随意更改，但有些科研人员缺乏预算法律意识，对上级专项经费管理办法和财务规章了解甚少，在课题的实施过程随意支出，不按批复的预算执行，使预算失去了应有的约束力和严肃性。另外按照以前的规定，很多项目即使发生了实际支出，但是因为报销规定太严、太死，也无法报销，导致科研项目决算与预算的差异性较大，有的甚至出现了大量资金结余。

（2）以前科研经费拨付速度慢，经费使用规定过多，使用范围限定过死，导致经费报销难

首先，在2020年以前，科研项目从申请立项成功到科研基金划拨到账的时间较长，财政拨款时间滞后，特别是纵向科研经费一次预算多次到款，实际上压缩了科研项目周期，科研支出与预算执行相脱节。由于资金没有及时到位，影响了科研项目的启动。其次，以前的科研经费管理办法规定过多、使用范围限定较多，导致"打酱油的钱不能买醋"，很多项目即使已经发生了实际支出，但是因为报销规定太严格，报销流程烦琐，无法报销，科研经费报销难问题一度困扰着科研项目负责人。第三，政府会计制度实施对预算、会计核算的规范性提出了更高要求，而科研项目负责人对财务制度和报

销流程知之甚少，导致他们提供的报销单据、原始凭证往往不符合相关规范要求，财务部门无法予以报销。

（3）难以归集科研成本，不能进行全成本核算

我国目前尚无统一高校成本核算制度，不同来源的科研经费对应不同的管理办法，科研经费管理办法存在不合理的限制阻碍成本核算，而科研项目周期时间较长，市场是瞬息万变的，难以控制全过程。高校科研经费管理费比例设置不合理，科研项目相关的管理部门的管理成本难以考量，共享资源难分清，没法明确区分直接成本和间接成本。高校科研间接成本的界定和分摊方法研究较少，存在过高预算直接成本，过低规定间接成本比例的问题，造成科研经费预算的不准确、不规范。

科研成本应该包括科研所用房屋、实验仪器设备、图书资料、实验材料、水、电等的耗用及科研人员的工资、奖金、福利等。2019年以前高校科研资金由学校财务部门统一核算，执行的是《高等学校会计制度》，原高校会计制度以收付实现制为核算基础，采用虚提折旧的方法，无法真正反映高校科研财务状况，不能真实全面反映成本，而且未明确科研项目成本核算对象及成本归集办法。另外，高校长期以来重立项轻管理，重预算轻成本也造成了成本费用意识淡薄。

3.改进建议

2019年1月1日起高校不再执行《高等学校会计制度》，而是统一执行政府会计制度，其根本性变化是采用以权责发生制为基础的财务会计和以收付实现制为基础的预算会计并行记账，通过权责发生制的财务会计核算给科研资产、科研收入、科研费用和成本核算带来了重大变化，有利于推进科研资产严重浪费、科研预算不科学、结题不结账、科研成本核算不真实、科研绩效评价缺失等问题的优化解决，倒逼高校加强科研资产管理、科研预算管理、科研成本核算和科研绩效评价。

为了适应新的会计制度的要求，做好新形势下的高校科研经费管理，应做好以下几个方面的建设工作：

（1）加强对科研经费规章的宣传与监管

学校一方面要加强对高校科研财务管理制度及流程的宣传工作，让广大

教师和科研人员熟知财经法规和制度，提高遵守财经法规的自觉性；另一方面要制定由科研、审计、财务等部门共同参与、行之有效的内部控制及监督制度，严格按照批准预算核定的用途、范围和开支标准使用科研经费，并注重对科研项目的过程管理，对经费支出行使监督权，严格审核、规范项目支出。按照规定及时结题，并在结题后一个月内办理财务结账手续，按规定妥善处理结余经费。

（2）优化科研经费财务服务

首先，学校可以通过制定和细化科研经费报销相关细则、指南，尽量做到科研项目负责人人手一本《报账服务指南》，相关人员每人一份报账宣传手册，建立科研、财务和信息系统问题的联合咨询服务平台，做到服务指南通俗易懂、清晰明了，咨询平台答疑解惑，问题迎刃而解。其次，简化审批程序、优化报账流程。学校可以从业务、财务相结合的视角重新梳理流程，在保证科研经费关键控制环节得到有效控制的前提下，适当简化流程，下放审批权限，以提高工作效率。再次，改善报账管理方式，利用信息化手段网上报账，让数据多跑路，科研人员少跑路。最后，建立科研财务联络人机制（类似科研财务助理），通过选派业务素质高的财务人员上传下达财经制度政策、答疑解惑报销实务问题、宣传贯彻指导报账业务，通过科研财务助理这个沟通纽带，连接科研与财务、资产、审计等各部门的沟通协调。同时借助信息化手段达到信息互联互通、资源共享，建立科研内控管理有效沟通机制。

（3）以执行政府会计制度为契机，探索科研项目成本核算

政府会计制度以权责发生制为会计核算基础，对资产负债进行了重新定义，并对固定资产折旧、无形资产摊销做了具体的核算规定，从而使资产会计核算真实准确、账实相符，有利于加强资产安全有效管理。

政府会计制度改革为科研成本核算提供了依据和基础，正是其"双系统、双基础、双报告"的特点让科研经费预算与核算有机联系在一起，有了科研费用会计核算为下一步费用归集到成本对象提供了数据支撑。

高校应该以执行政府会计制度为契机，探索科研经费成本核算。首先，规范会计核算。根据科研经费来源不同准确核算科研收入。通过对四种确定科研事业收入合同完成进度的方法进行比较分析，并结合实际确定适合的方

法加以核算。遵循合理性、相关性、适应性等成本核算原则全面反映科研费用，注意对固定资产按月计提折旧、无形资产按月摊销、科研奖励支出的计提与发放、间接费用计提等会计核算准确性。第二，归集直接费用。以科研项目为基本单元，通过财务会计科目"业务活动费用——科研费用"归集成本费用，按照经济用途不同，设置商品和服务费用、固定资产折旧费、无形资产摊销费等成本项目，结合科研管理需要，以科研项目为成本核算对象，根据费用支出项目在经济用途下再设置明细项目。第三，分摊间接费用。通过"单位管理费用"科目核算，采用作业成本法按照因果关系和受益原则分摊间接费用。以成本动因理论为基础，根据"产品（成本对象）消耗作业，作业消耗资源"的原则，一般对间接或辅助资源费用占比较大的、易量化的有形资产可采用作业成本法分摊。第四，高校资产管理部门应加快做好房屋资源的科学配置，改变房屋无偿使用的现状，建立有利于资源调节、成本补偿的资源配置体系。

第三节　收入与支出管理

2015 年财政部颁布《政府会计准则——基本准则》，2017 年 10 月印发《政府会计制度——行政事业单位会计科目和报表》（财会〔2017〕25 号），2018年5月16日教育部颁布了《教育部关于直属高校直属单位实施政府会计制度的意见》，财政部于2018年8月14日印发了高等学校执行《政府会计制度——行政事业单位会计科目和报表》的补充规定和衔接规定的通知，规定高校于2019年1月1日起实施新政府会计制度，并力争尽快建立起具有中国特色的政府会计准则体系和权责发生制政府综合财务报告制度。这次改革力度深、难度大、范围广，公立高校作为事业单位也经历着一次里程碑式的重大革命，带来了财务管理创新浪潮。政府会计制度改革涉及的"双系统、双基础、双报告"有利于加强资产负债管理、费用成本分析，有力推动高校科研经费管理和内部控制的建设与完善。

一、收入管理

（一）收入管理的含义

高校的收入，是指高校为开展教学、科研及其他活动依法取得的各项非偿还性资金。可以通过图3-3来反映。

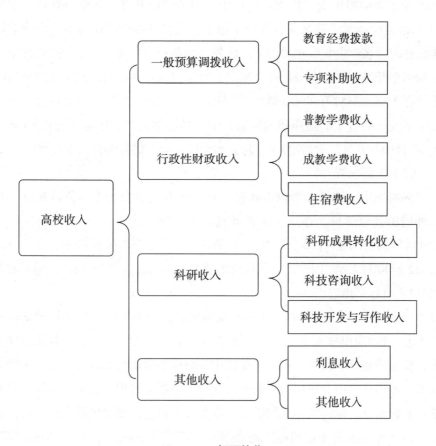

图3-3　一般预算收入

（二）高校收入管理案例分析

1.违规招生乱收费且经费管理混乱

（1）案例描述

2002年，XX师范大学数学学院为创收成立数学学院教育中心。2004年，数学学院教育中心出资5万元，以退休教师名义申请成立KM应用技术专修学校，该学校由数学学院教育中心实际控制，长期以数学学院名义对外开展办学业务。

2009年，XX师范大学数学学院教育中心、KM应用技术专修学校违规委托成都小红帽教育咨询有限公司招收电大专科生，向该公司支付每生1000—1800元不等的招生费。在招生过程中，混淆学历教育与非学历教育，使用XX师范大学数学学院名义，在招生简章中宣传其办学层次为专本套读本科生，并向报名学生收取相关费用。此外，在调查中发现，数学学院教育中心自2008年开始，用个人身份开立账户，用于存取各项收费，截至2013年1月，累计存入资金2457万多元，账目管理混乱。2010年8月至2011年11月，未经数学学院、教育中心集体研究同意，时任数学学院教育中心主任张XX擅自决定将160万元分三次借给XX工艺美术学校，至今仍有60万元未收回。

（2）案例剖析

本案例中，该校违规招生收费，属于教育乱收费行为，公款私存，私自外借给其他学校，违反了《普通高等学校招生违规行为处理暂行办法》（2014年7月8日教育部令第36号）第六条、《高等学校财务制度》（财教〔2012〕488号）第二十二条、《行政事业单位内部控制规范（试行）》（财会〔2012〕21号）规定。

本案例中，XX师范大学数学学院为创收，以个人名义成立数学学院教育中心、KM应用技术专修学校，长期以××师范大学数学学院名义对外招生，属于违规办学行为。同时，委托中介机构招收电大专科生，违反了教育部关于不得通过中介机构招生的相关规定；在招生过程中混淆学历教育与非学历教育概念，宣传其办学层次为专本套读本科生，属于虚假宣传，欺诈招生。数学学院教育中心将收取的各项费用存入个人账户，私设"小金库"，并私自外借给其他单位，严重违反了有关财经纪律。类似本案例的行为在部分高校依然存在，究其原因，主要有以下几个方面。

①高校受利益驱使以招生名义乱收费

当前高校内部一些学院为了提高教职工福利，争相开展各种创收活动，如举办各种培训班，与校外企事业单位合作办学等等。为学校教职工谋取福利无可厚非，但是方式、手段和程序均要合法合规。本案例中，××师范大学数学学院违规办学，招生收费、获取不正当收入，违反国家招生的管理规定，严重损害教育部门的形象和广大学子的利益，应明令禁止，依法取缔。

②高校对所属院系招生办班管理较为薄弱

利用自身学术资源开展社会服务是高校的一项重要职能。各高校都积极鼓励院系利用自身教学科研优势在社会服务过程中获得合理的收入，以此改善教职工福利待遇，高校的院系也各显神通、想方设法开展创收工作。但高校对院系成人学历教育招生、开设培训班等作法缺乏有效的监管机制，存在着成人教育办学主体不明，委托中介机构招生，自立收费项目，收入未纳入学校统一管理和核算，坐收坐支等诸多问题。

③对违规招生收费的监督和惩罚力度不够

对于违规招生收费行为，国家和省级教育物价部门每年都会出台明令禁止政策，开展不定期抽查活动，但部分高校心存侥幸，"上有政策，下有对策"，企图蒙混过关。另一方面，由于惩罚力度较轻，使得政策的威慑性不够，效果欠佳，导致违规招生收费等教育乱收费行为屡禁不止。

（3）改进建议

为了杜绝高校违规招生收费行为，构建治理教育乱收费的长效机制，建议从以下几方面着手。

①建立健全高校招生管理制度，公开、公平、公正招生

高校应制定高校招生管理制度，对招生计划尤其是成人招生计划的录取原则、办法、收费标准和录取结果要向社会公开，特别是建立和完善自主招生中的考试集体决策以及信息公开等制度建设，定期开展招生自查自纠工作，从源头上控制和规避违规招生。

②加大高校招生和教育收费检查力度

教育纪检监察部门要继续保持治理教育乱收费的高压态势，把规范教育收费，治理教育乱收费工作作为各级政府教育督导评估的重要内容。教育纪

检监察部门可以会同招生考试部门，组织专家，抓住春季和秋季开学时收费的"高峰期"和乱收费的"多发期"，开展高校招生工作随机抽查和教育收费专项检查工作。通过这些随机抽查和专项检查活动，加强规范招生和教育收费的相关政策的威慑力和执行力度，使得高校招生和教育收费工作有法可依，有法必行。

③加大招生违规查处力度，严肃查处乱收费和私设"小金库"行为

各级政府部门要高度重视教育招生及其收费信访办理工作，对发现的问题要严肃追究责任，督促整改到位，一经查实，要进行严肃处理。对于违规录取的学生，一律不予学籍注册；已经注册学籍的，要坚决予以取消。对于违规情节严重、造成恶劣社会影响的高校，要严肃追究高校校长、省级招生考试部门负责人的直接责任。对于违规招生取得的违规收入，要予以没收并加倍处罚。

2.高校收入管理内部控制失效的案例分析

案例：合作办学分成收入只能通过租金抵顶，真无奈？

某大学与某中专学校合作办学，约定由大学组织招生，中专学校组织教学，大学发放毕业证。中专学校向学生收取学费后向大学支付33%合作办学分成。中专学校以经费紧张为由连续三年拖欠大学分成，拖欠学费分成总额将近100万元。

无奈之下，大学接受通过租金抵顶合作办学分成的办法，即由中专学校将市区一处教学点的房屋租给大学，以租金抵顶合作办学分成。

（1）原因分析

大学办学收入未能及时收回，既有中专学校经费困难的原因，也有大学收入管理不到位的原因：首先，合作办学单位（继续教育学院）未尽合同经办单位的主体责任；其次，财务部门未尽学费催缴责任；再次，学校的审计监察部门对合同执行缺乏监督力度。

（2）应该吸取的教训：合作办学单位是合同的主办单位，既要承担教学管理指导，又要承担学费催缴责任。那种只管教学、不管学费收缴工作的做法是不负责的做法，认为学费催缴只是财务部门的事情，与自己无关的想法是错误的；财务部门应该根据招生人数建立各合作办学点的学费收入台账，

将每年的实际收入数同应收数进行对比，分析差异原因，做好收入的跟踪催缴工作。

表3-3　高校收入管理可能存在的风险及需要采取的措施

可能存在的风险	需要采取的措施
监管不到位的风险：出现"小金库"	统一由财务部门归口管理和核算学校的各项收入，定期清理收入项目
收费不规范的风险：出现"乱收费"	财务部门掌握各部门的收费项目并统一办理项目年检，开展收入审计
上缴不及时的风险：出现"截留挪用"	财务部门严格执行"收支两条线"的管理规定，限期上缴非税收入
核算不规范的风险：导致收入长期挂账	部门间建立起收入分析和定期对账制度，根据收入来源确定会计科目
职责不明晰的风险：导致错误、舞弊	健全票据和印章管理制度，坚持"不相容职务"相互分离管理

总的来说，加强高校收费管理。一是加强收费工作的宣传力度，提高学生的缴费意识；二是加强收费工作的领导；三是建立高效协调的收费管理体系；四是利用现代科技手段改进现有的收费方式；五是改进对学杂费收入的财务核算方式；六是完善助学机制，切实帮助贫困学生；七是建立有效的检查监督机制。

二、支出管理

高校财务支出是指高等院校开展教学、科研及其他活动发生的各项资金耗费和损失。其目的是谋求降低成本，提高教育投资的效率。它是教育管理的一个重要方面，贯穿于教育管理的全过程，其核心是如何多出人才、出好人才。高校财务支出的特点是其不可补偿性。由于高等院校主要是从事培养人才的工作，其支出的主要部分是消耗性的，除经营性支出外，其他各项支

出都不可能从任何渠道获得任何形式的补偿。高等院校只能依靠不断争取国家拨款和社会捐赠等方法获得各项支出所需的资金，而取得的各项收入通常与院校发生的支出并不配比，有些甚至没有任何关联。

强化高校教育支出管理、提高高校办学效益，需要政府、社会的共同关注。特别需要高校自身解放思想、转变观念、树立有利于教育支出管理的各项内部管理与控制制度，使高校教育支出管理真正落到实处，真正起到合理配置高校有限资源、优化资源结构、提高办学效益的目的。然而，遗憾的是，在现实中，高校尤其是公立高校由于受传统计划经济和社会观念的影响以及缺乏明确的、行政性的成本约束机制，常常忽视教育支出管理，或者虽对教育支出管理采取了一定的措施，但在支出管理的目标、目的和方法上常出现错位，导致近几年来出现了高校教育支出持续膨胀的"成本最大化"现象。

支出是资金使用环节，容易滋生各种不良现象，因此支出管理也是财务管理的难点。

（一）高校支出的分类

为了全面反映高等学校教育成本的构成，便于进行高等学校教育成本的分析，应对高等学校教育成本按照不同的标准进行分类。而这一分类又必须在高等学校支出分类的基础上进行。因此，在进行高等学校教育成本分类前，必须对高等学校支出的分类予以全面了解。

1.按支出功能分类

（1）教育支出。高等院校用在教育教学管理和开展教育教学业务方面的支出。如高校使用同级财政部门拨款进行的日常活动所发生的支出。

（2）科学技术支出。高等院校用在科学技术管理、研究和服务方面的支出。如高校接受国家自然基金、社科基金委托进行科学研究发生的支出。

（3）文化体育与传媒支出。指高等院校用在文化体育和传媒方面的支出。如XX大学开冬季运动会发生的支出。

（4）社会保障和就业支出。高等院校用于社会保险基金补助、就业补助和离退休方面的支出。如人力资源类高校接受开展社会保障方面研究发生的支出。

（5）医疗卫生与防范疫情支出。高等院校用于医疗卫生和防范疫情方面的支出。如校医室发生的支出。

（6）节能环保支出。高等院校用于环境保护管理事务、环境监测与监察、污染治理、能源节约利用、污染减排、可再生能源和资源综合利用等方面的支出。如环保类院校接受环保部门委托发生的支出。

（7）资源勘探信息支出。高校为取得国土资源勘探方面的信息而发生的支出。如石油大学接受委托而开展地质勘查发生的支出。

（8）国土海洋气象支出。高校为取得国土海洋和气象方面的信息而发生的支出。如海洋大学接受国土资源、海洋、测绘、地震、气象等部门委托开展系列研究而发生的支出。

（9）住房保障支出。高等院校发生的住房公积金、提租补贴、购房补贴方面的支出。

教育支出、科学技术支出和住房保障支出三项支出是所有高校都会产生的支出。

2.按支出经济分类

（1）工资福利支出。高等院校在职人员的工资、津贴、奖金、加班费、各类社会保险。

（2）商品和服务支出。高等院校日常的办公费、印刷费、咨询费、手续费、水费、电费、邮电费、取暖费、物业管理费、交通费、差旅费、出国费、维修（护）费、租赁费、会议费、培训费、招待费、专用材料费、装备购置费、工程建设费、专用燃料费、劳务费、委托业务费、工会经费、其他商品和服务支出。

（3）对个人和家庭的补助支出。高等院校离退休人员的离退休费、困难职工生活补助费、抚恤金、学校的奖学金、对职工个人工作奖励、独生子女保健费等。

（4）债务利息支出。高等院校向国家银行、其他国内银行、国外政府和国际组织借款所支付利息的支出。

（5）基本建设支出。高等院校通过发展改革部门立项，由同级财政部门专项拨款资金安排的房屋建筑物购建、办公设备购置、专用设备购置、交通工具购置、基础设施建设、大型修缮、信息网络购建、物资储备及其他基本建设支出。

（6）其他资本性支出。高等院校使用同级财政部门拨款安排的房屋建筑物购建、办公设备购置、专用设备购置、交通工具购置、基础设施建设、大型修缮、信息网络购建、物资储备及其他资本性支出。

（二）高校支出管理案例分析

1.超进度支付工程款

（1）案例描述

上级主管部门委托会计师事务所在对某高校2019年预算执行情况和财务决算审计时发现，该校建造一栋教学楼，合同造价2200万元，施工过程中变更增补300万元。该校在工程没有竣工验收的情况下支付施工单位工程款2300万元，占工程总造价的92%，经调查发现，在该工程建设过程中，施工单位一再要求学校预付工程款，并以拖欠农民工工资为由不断向学校施加压力，学校领导经过讨论，同意支付了工程款2300万元。

（2）案例剖析

在本案例中，该校在建设工程没有竣工验收的情况下，工程款的支付进度已达到92%，行为违反了《建设工程价款结算暂行办法》（财建〔2004〕369号）第十三条规定。

目前由于政府对建筑业的不规范行为采取的相应约束和监管措施不够，导致建筑市场秩序出现混乱，一些不良建筑商假借欠农民工工资的名义，向发包方索要不合理的工程款。在本案例中，由于该校领导对基建工程相关政策规定的了解不够，执行合同不严，没有对施工方完成的工程量进行审核确认，导致在施工方的施压下，满足其无理要求，多次以预付款的方式支付工程进度款，造成超进度支付工程款；同时，由于前期论证规划设计不充分，工程施工过程中工程变更频繁，且没有履行审批程序和手续，不按合同约定比例支付进度款等，都是不符合规定、财务风险较高的做法，极易造成工程款超付，产生经济纠纷和损失。

（3）改进建议

为了避免此类事情的发生，加强对基本建设工程进度款的管理，应做好以下几个方面的建设工作。

①严把工程进度款支付关

根据《基本建设财务规则》（财政部令第81号）第五条规定："各级财政部门负责对基本建设财务活动实施全过程管理和监督。"高校应加强基建资金管理，建立基建、财务、审计各部门分工协作、职责明确、权责一致的管理体系。基建部门是基本建设的具体实施和管理部门，负责编制基建项目资金使用计划和年度资金使用计划；财务部门是基建资金的管理部门，负责基建资金的筹集、使用、核算及会计监督等；审计部门是基建资金审计的职能部门，负责基建工程跟踪审计及决算审计等。基建资金的支付应由基建部门工程项目负责人专人负责经办，收集工程监理、跟踪审计等相关材料后报审计部门审核，财务部门根据施工合同对工程款的支付做最后审核，防止工程款超付情况的发生。

②加强相关知识的学习和专业人才队伍建设

高校领导及相关职能管理部门要重视基本建设工作。应加强管理人员及基建财务人员的业务学习与培训，不断提高专业理论知识和业务技能水平。引进和培养必需的建筑技术和管理人才，不仅可以保证建筑工程质量，而且能够为学校节省建筑成本费用。基建管理人员和基建财务人员要认真履行工作职责，严把基建工程质量关和工程款支付关，防范工程质量风险和超付工程款风险。

2.违规列支或扩大项目资金支出范围

（1）案例描述

2010年3月，某高校经申请获得了2010—2012年中央财政支持地方高校发展项目教学实验平台类项目5个，中央财政及省财政补助资金共3000万元。2014年7月，上级财政部门对中央财政支持地方高校发展专项资金及省财政配套资金的使用管理情况进行检查，发现该校存在挪用部分中央财政专项资金、扩大支出范围等问题。具体如下。

①2012年3月，该校图书馆多功能数字化电子阅览室建设款275.82万元在中央财政教学实验平台专项资金中列支，占专项资金总经费的9.19%。

②在中央财政教学实验平台专项资金中列支、发放2011年1月至2012年9月教学科研津贴14.2万元，发放骨干人才生活费82万元，支付高级访问学者津贴110.64万元，优秀硕士论文奖14.35万元等，各类津贴补贴性人员经费共计351.19万元，占中央地方共建专项资金总经费的11.71%。

③在该校市场营销模拟系统教学实验平台项目经费中列支劳务费21.36万元、差旅费67.89万元、软件定制费40万元。其中，劳务费中18.05万元由该校商学院在职教师领取，差旅费中50.61万元为该校商学院在校生的火车票、汽车票，另外和定制软件具有相同或相似功能的实验教学软件的市场价格仅为18万元。

（2）案例剖析

在本案例中，该校在中央财政支持地方高校教学实验平台类专项资金中违规列支图书馆多功能数字化电子阅览室建设和人员支出，虚报冒领专项资金，属于挪用专项资金、擅自扩大支出范围。违反了《高等学校财务制度》（财教〔2012〕488号）第五章第二十七条"高等学校从财政部门和主管部门取得的有指定项目和用途的专项资金，应当专款专用、单独核算，并按照规定向财政部门或者主管部门报送专项资金使用情况；项目完成后，应当报送专项资金支出决算和使用效果的书面报告，接受财政部门或者主管部门和其他相关部门的检查、验收"规定。

在本案例中，该校存在违规挪用中央财政专项资金、将中央财政专项资金用于人员津贴发放等问题。究其根源，主要有以下几个方面：

①项目预算编制不够严谨

本案例中，该校对中央财政项目专项资金的使用范围、使用条件、使用程序、预算编制要求等都缺乏清晰的认识，也未对项目建设进行充分论证；该校教学主管部门甚至认为，专项资金使用不需要严格划定范围，要给项目负责人充分的自主权，避免出现管得过严以致项目年度预算无法按期完成的情况。因此，项目预算和建设内容的编制不够科学合理，难以正常执行。

②专项资金管理制度不完善

在本案例中，该校缺乏相应的规章制度，对中央财政专项资金管理制度、使用要求、教学实验平台的建设标准、要解决的重点问题以及相关措施都缺乏研究和规范，没有明确的制度规定。在项目建设过程中，各项支出无法做到有章可循、有据可依，参与人员凭借自己的理解去办理支出业务，造成专项资金管理和使用的混乱。该校图书馆多功能数字化电子阅览室主要是利用现代数字化网络信息技术，积极开发数字化馆藏资源，通过开展网上信息检索查询服务、多媒体电子出版物阅览、多媒体网上教学等手段，为全校师生提供服务的一个途径，而教学实验平台是具体负责某一专业类课程的实践教学工作，以培养学生动手能力和提高学生实践技能为宗旨。本案例中，该校用中央专项资金列支多功能数字化电子阅览室建设费属于挪用中央财政专项资金的行为。

③严格执行财经纪律的意识薄弱

对于挪用和随意扩大专项资金的开支范围的违规行为，国家和省级主管部门都有明确的政策文件明令禁止，并定期开展专项检查活动。但部分高校重视基本建设资金和公用经费管理，轻视项目经费管理，执行财经纪律意识不强。本案例中，该校项目负责人缺乏法律意识和财会知识，认为资金是谁申请获得的，就应当归谁使用，国家的钱只要用在了办学上、学生身上都没有问题，没有认真贯彻上级的相关文件精神，未能严格监督专项资金支出情况。项目负责人通过虚开发票、劳务费收条及收集学生大量的火车票、汽车票等形式虚报、冒领专项资金90.21万元。由于财务报销人员对教学实验平台建设的具体情况并不熟悉，无法分辨业务发生的真实性，客观上也给业务报销人员虚报、冒领专项资金留足了空间。

（3）改进建议

为了禁止挪用和任意扩大专项资金的开支范围等违规行为的发生，应从以下几个方面加强专项资金管理。

①规范专项资金的支付行为

各项目实施单位应该遵循"专款专用，专项管理"的原则，按照批准的预算支出范围和标准使用专项资金。资金支付实行学院、资产管理、财务、审计等多部门联签制度，严格把关，对于数额较大或性质比较特殊的专项资金支出进行源头控制和过程跟踪，对每一笔重大支出都要做到有法可依，有章可循。针对容易出现套取、骗取专项资金的环节应严格控制，提前采取针对性的防范措施。

②强化高校内部审计的监督检查职能

高校内部审计部门作为我国高校监督体系的重要组成部分，应该从学校的角度，在专项资金管理中充分发挥监督检查职能，发挥高校免疫系统的作用。一是对高校内部项目承担单位的项目管理和支持协调情况展开调查，二是对项目负责人及项目组成员对专项资金的具体使用情况进行监督检查，三是对财务部门专项资金管理情况进行有效评价。

（三）高校支出管理创新研究

支出管理是高校财务管理的一个非常重要的方面，不仅是当前教育改革的迫切需要，更是缓解高校办学经费不足的重要手段。从某种意义上说，支出管理富有成效不但能为收入及资金筹措机制提供有力的财力支撑，而且对加强资金管理、降低财务风险起到承上启下的关键作用。

1.支出管理机制创新工作思路

支出管理机制创新工作应遵循"从严控制、科学管理、追求效益、促进和谐"的总体思路，其中从严控制是手段，科学管理是关键，追求效益是目标，促进和谐是保障。

（1）从严控制

控制是管理的重要手段，加强控制是支出管理机制能否有效运转的一个"发动机"。首先，高校应严格按照国家规定的各项财政财务规章制度和财经法规，结合上述支出项目及业务量多少，科学设置支出部门，如教学支出部门、科研支出部门、基建支出部门以及其他综合支出部门等。还要从制度的制定、机构的设置、项目划分的界线上来全面加强对支出的控制。其次，遵循"量入为出，收支平衡"的原则，高校财务部门及相关负责人应严格按预算确定的支出项目、范围、额度安排各项开支，严格控制无预算或超预算的开支项目，通过项目支出的审批、支出环节的监控、支出完成的考核奖惩三大关键控制点，实现对项目支出源头、过程和结果的有效控制，切实保障各项支出按照预算执行。

加强内部控制。做到授权批准与业务经办、业务经办与会计记录、会计记录与财产保管、业务经办与稽核检查、授权批准与监督检查等不相容职务相分离，用制度的形式明确每个岗位的工作职责，重要岗位之间定期轮换。

加强事前申请控制。规定单位在发生相关支出前应当履行支出事前申请程序，经审核通过后才能开展相关业务。对于金额大、专业要求高的支出业务应当经过可行性研究和充分论证。"三重一大"事项必须经过科学决策、民主决策后才能开展相关业务。

加强支出审批控制。各级审批人应当在授权范围内审批，不得越权审批。根据需要可在财务负责人签字批准前设立业务负责人审签制度。在项目负责人为业务负责人或经办人时，实行复签制度。

加强支出分析控制。定期或不定期地清理各项往来款项，按照政府会计制度要求准确、及时地进行支出事项的确认和计量；按时对账，每月终了，各个岗位的会计人员要对各自的岗位工作进行一次自我检查，会计和稽核人员对本月支出业务进行一次分析性复核，对库存现金和银行存款进行盘查核对。

（2）科学管理

科学管理是创新支出管理机制的关键，通过管理水平的提升来达到支出管理机制的有效运转，也是本部分的一个创新点。科学管理就要实现支出管理由单纯的会计报账型到会计管理型转变，主要表现在两个方面：一方面将审核与考核挂钩，对支出项目的审核，不仅要审核凭据的项目、金额，更要审核凭据的经办人、负责人，审核凭据的发生依据、发生日期，尤其是校内部门包干使用或核定定额的开支，要认真审查其发生额、余额，对超出标准或出现赤字等情况应立即向有关负责人反映，采取相应限制措施，并及时将反馈信息备案，作为年终部门评价考核的重要依据，直接与各种物质精神激励措施相配合；另一方面把审管与优管相结合，在审核管理的基础上不断优化项目支出结构，如增加教学科研项目方面的支出，减少行政管理等方面的开支，由传统的死管、严管向活管、优管过渡。并可通过计算机软件将历年支出项目的数据进行比较分析，科学地确定出人员经费与公用经费的比例，教学、科研、辅助与后勤支出的比例，并根据实际情况进行适当调整，促成各项经费开支的最优化匹配，从而保障高校各项事业的整体协调发展。

（3）追求效益

最优效益是学校项目支出所要达到的最终目标，包括经济效益和社会效益，这也是整个支出管理机制最终的落脚点。项目支出主要是针对大型大额建设项目的支出，实行项目的层次化、过程化管理，力求管理效果的最科学、最经济、最有效益。可采用如下两个举措：一是按照项目的金额大小划分为一般项目、大型项目、重大项目和特大项目等数个级别，不同的级别需要进行不同层次的项目监管，如表3-4所示。尤其是对重大、特大项目，必须组织相应层级的专家团进行细致、缜密的论证，严把项目支出前的入门关。二是在项目支出的过程中，严格按照国家规定的有关程序进行，财务部门、审计部门等单位要在工程的各个进度期内，对工程的进展、质量、耗费等情况进行监督，力求在项目支出的把关上更谨慎，在项目建设的期间内更经济。在条件允许的情况下，还应建立大型项目建设信息数据库，对项目建设、项目支出实行动态管理，一旦发现异常，应根据造成的后果程度做出快速反应，并进行相应的问责。通过这一系列举措，将项目支出按不同层级实行全程管理，对保障项目建设质量、提高项目建设水平乃至实现项目的最优效益必将起到切实可行的作用。

表3-4　不同层次的项目监管

项目金额	项目级别	项目监管
10万元以下	一般项目	可行性分析材料，主管部处领导签字
10万元~50万元	大型项目	可行性分析材料，主管校领导、部处领导签字，专家项目
50万元~300万元	重大项目	可行性分析材料，主管校领导、部处领导签字，项目领导小组、高级专家组论证
300万元以上	特大项目	可行性分析材料，主管校领导签字，项目领导小组、高级专家组论证，教育部批准，完工报告，审计结论

（4）促进和谐

和谐是整个支出管理机制的重要保障，没有和谐，支出管理机制就不能正常运转，只有通过促进和谐才能达到支出管理机制各方面的充分协调和有力配合。因此，对高校财务支出管控的过程中，还应注意适当的引导，进行和谐管理，对有些支出不宜控制得过死，如科研支出控制过严，既不符合科研创造活动的规律，还可能造成大批科研经费不走学校的账户，而导致学校大量管理经费的流失；再如基建支出，若因物资上涨等客观因素造成支出的加成甚至加倍，由此全归咎在项目负责人身上，则很可能会影响到整个工程项目的质量。所以，有必要采取促进和谐的引导措施，如在管控科研支出的同时加大对科研成果的奖励，在保障学校机关部门正常运转的同时严控一些不必要的行政支出，在一些特殊情况发生后及时采用非常规措施进行解决等，以此来保证财务支出的合理、和谐，这也是支出管理机制各个方面协调一致、发挥功能的关键所在，也是为高校财务管理的其他机制创新提供的强有力支撑。

高校支出管理是对支出项目、范围、标准等所进行的管理。首先，要严格执行财务制度，按照规定的范围和标准开支。其次，坚持勤俭办事的方针，积极采取措施，精打细算，少花钱，多办事，把事情办好。再次，要按照财务制度规定，正确进行支出分类。划清各项支出的界限，专项资金要坚持专款专用。第四，要优化支出结构，按照预算内、预算外资金结合使用的原则，统筹安排各项支出。第五，要及时掌握支出预算执行情况，保证各项支出按预算进度执行，并加强对支出执行情况的分析，不断总结经验。第六，高校支出管理应遵循一些基本原则：严格执行国家的财政、财务制度和开支范围；统筹兼顾，保证重点，合理安排支出比例；分清经费渠道，划清公私界限；严格控制社会集团购买力，节约各种费用支出。具体而言，高校支出管理应做好以下方面：一是树立全员支出管理意识；二是划清各种费用界限、确定支出范围，正确划分教学费用支出和其他费用支出的界限，正确划分应计入本期教育支出和不应计入本期教育支出的费用界限，正确划分各支出对象之间的费用界限；三是建立科学的会计科目体系，归集和分配教育费用，支出费用科目包括"教育成本""科研成本""学生事务费用""教学辅助费用""行政管理费用""后勤服务费用""递延资产""待摊费用""预提费用"和"累计折旧"等；四是适应高校管理的需要，建立科学的教育支出指标体系。

表3-5　高校支出管理可能存在的风险及需要采取的措施

可能存在的风险	需要采取的措施
预算控制不精准的风险	明确各项支出事项的开支范围和开支标准，以预算额度控制支出
支出审批不严格的风险	明确各项支出的审批权限、审批程序以及审批责任，按规定审批
结算方式不合规的风险	按照国库集中支付、政府采购及公务卡的使用范围办理结算
报账票据不合法的风险	详细审核各种报销票据的来源渠道、内容以及审批手续
内部监控不到位的风险	定期开展会计稽核，加强内部审计监督，加大审计结果运用

2.支出审核原则和注意事项

（1）支出审核的原则

财务部门应根据各类经费使用范围的特点，把"事和人"相结合，把业务和财务相融合来考虑问题，把握支出报销的原则。

真实性、合理性原则。在报销审核过程中，如果出现报销事项真实合理，但程序或做法不符合有关政策规定的，应告诉报销人如何整改，补充完整或整改后符合要求的，要给予报销处理。属于真实合理的费用，财务人员要想办法予以解决。明显不真实、不合理、不合法的报销事项不应受理，但要给出相关的政策依据和让人信服的理由。

重要性原则。在报销审核过程中，要"大事大做、小事小做"，要避免疏忽大意或延误时机，如金额几百万的工程款、设备款等必须作为大事仔细地做；也要避免小题大做，比如对价值只有几元或几十元的小额费用等纠缠不休。要从金额大小、经济事项本身的重要程度、时间紧迫性程度等方面进行判断。

灵活性原则。凡是政策明确规定不能列支的事项，不要去踩高压线；凡是按政策规定能够列支的事项，不能因个人好恶而不予审核报销；对于政策没有明确规定的事项，要灵活处理，财务人员要视具体情况进行职业判断。

有据可查原则。在报销审核过程中，给予报销或不予报销，都要有理由和依据，既能够说出给予报销的原因，又能够说明不予报销的理由。

（2）支出审核的注意事项

财务部门及财务人员在具体报销审核操作中，要注意将"事与人"结合起来考虑，体现良好的职业道德和职业能力。

宣传法律和政策。对于经费使用者来说，最好是什么费用都要报销，但这个愿望显然与现行的国家支出政策相冲突。为了让教职员工更好地了解国家的财经法律法规、地方和学校的报销政策，避免报销人与财务审核人员直接发生冲突，财务部门应采用校园网公布、印刷材料、会议或培训等措施对教职工进行政策宣传，让大家更好地理解政策并配合财务部门的支出审核工作，将抵触情绪降到最低，同时有利于防范因不了解相关法律和政策而发生违法、违规的情况。

不使用刺激性语言。在支出审核过程中，财务人员不能使用刺激性语言，如"不能报销""做假"等，应改用"不在报销范围内""是自费项目"等。没有充分证据，财务人员不能随便说报销经办人"做假"。

防止两种倾向。在支出审核过程中，既要防止财务人员"低声下气"，过分讨好某一报销经办人，让其他经办人感到不舒服，也要防止财务人员"趾高气扬"，与报销经办人说话用"法官审犯人"似的语气。财务人员审核支出事项要做到不卑不亢，平等待人，使用平等缓和的语气，谈话式的语言。

不应推卸责任。对于审核范围内的工作，财务人员不能因怕麻烦而推卸于他人，应依据相关法律法规，做出自己的职业判断来处理问题。

区分法律问题和规范问题。在支出审核过程中，如涉及法律问题，要认真对待。如未涉及法律问题，而只是操作规范问题，则不要纠缠不休。属于规范化问题的事项，如格式不规范的，能当场补充完整的，应让其当场补充完整后予以报销；如确实无法补充的，应先给予报销，但应告诫其下次使用规范的格式。

补充材料可以说明问题即可。在支出审核过程中，如果报销事项需要做具体补充说明的，应不拘一格，能说明情况的各种具体证据，都可以采用。

第四节　资产与债务管理

资产管理是高校财务管理的重要内容，如何通过建立健全高校内部控制，建立一套合适的资产管理模式，保证资产安全、保值和增值，是高校内部控制的重要任务。2021年2月1日由李克强总理签发的《行政事业性国有资产管理条例》（国务院令第738号）对高校资产管理做出了明确的规范要求。

一、资产管理

（一）资产管理的含义

高校资产可以分为以下五类（表3-6）：

表3-6　高校资产的分类

流动资产	是指高校在一年内可以变现或者耗用的资产，是高校资产中必不可少的组成部分。高校的流动资产包括货币资金、应收账款和存货等。
固定资产	是指高校为开展教学科研工作、提供劳务、出租或者经营管理而持有的、使用时间超过一年，单位价值达到规定标准以上，并在使用过程中基本保持原有物质形态的资产。
在建工程	是指高校固定资产的新建、改建、扩建，或技术改造、设备更新和大修理工程等尚未完工的工程。
无形资产	是指高校拥有或者控制的没有实物形态的可辨认的非货币性资产。高校的无形资产包括专利权、商标权、著作权、土地使用权和非专利技术等。
对外投资	是指高校及所属单位在教学科研活动以外，以现金、实物、无形资产或以购买股票、债券等有价证券方式向其他单位进行的投资，以期在未来获得投资收益的经济行为。

（二）高校资产管理案例分析

1.未按规定处置电子仪器设备

（1）案例描述

2019年6月，某高校有一批待报废电脑、打印机等电子仪器设备，账面价值120余万元，经学校相关专业人员现场技术鉴定，该批设备已无使用价值，但有回收残体价值。该校设备管理部门向学校提交处置报告，经校长办公会研究同意，学校设备管理部门和招投标办公室对该批电子设备进行对外公开竞拍处置，回收设备残体价值6.6万元，作为资产处置收益上缴财政专户。设备管理部门和财务部门据此进行了设备核销和账务处理。

（2）案例剖析

本案例中，该校没有按照规范要求处置电子仪器设备，违反了行政事业单位国有资产管理的有关规定。

本案例中，该校的违规行为后果是：①未按规定程序报批处置国有资产，造成国有资产流失；②未通过专业手段处理报废电子设备，电子垃圾将流入社会，造成环境污染。出现以上违反规定的原因是：

首先，对资产规范管理重视和认识不够，资产处置不规范。近年来，随着国家对教育经费投入的增加，高校教学科研仪器设备经费增长较快。从资产管理的角度，不管是设备的采购部门、设备的管理部门，还是设备的使用部门，都很重视购买环节。而在管理过程中，思想认识不够，特别是设备达到报废年限或有更先进的设备可以替代时，要求报废设备的心情十分迫切，导致了仪器设备处置程序上的简化，造成违章办事。部分设备管理部门和人员认为，向省级主管部门提交报批手续多、周期长，不如自行处置，既节省时间，又节约空间，从而导致未履行报批手续就自行处置的结果。本案例中，该校报废电子仪器设备虽然经过专业技术人员鉴定，由校长办公会研究同意，但没有经过省教育厅的审批，没有严格履行先申报、后审批、再处置的程序，擅自处置资产，属于违规行为。

其次，对电子废弃物危害的认识不够。电子废弃物中普遍含有对环境和人体健康不利的物质。由于存储空间有限，高校对于报废的电子仪器设备，都想尽快处理完毕，相关人员对电子废弃物流入社会造成的危害认识不够，极易导致未按照规定要求进行随意处置。本案例中，该校对包括电脑、打印机等电子仪器设备进行对外公开竞拍处置，回收了资产的残体价值，但是参与处置的企业不具有专业处理电子废弃物的资质，容易造成环境污染或流入社会二次污染。

第三，国有资产管理的信息化水平有待提高。部分高校对"省属高校国有资产管理信息系统"的使用不严谨、不规范，没有真正做到统一领导、归口管理、分级负责、责任到人，发挥其应有的管理功能。资产管理业务流程不畅，常常被卡在某一个或某几个具体岗位、节点，造成关键岗卡口，无法办理剩余流程。对于没有及时履行相应职能的管理人员和使用人员缺乏有效的提示和监督机制。学校应从上到下，高度重视，尽快提高国有资产管理的信息化水平，加强对仪器设备的规范性管理，特别是资产处置环节的管理。

（3）改进建议

为规范电子仪器设备的处置，高校应当做好以下工作。

①高校应高度重视资产处置工作

仪器设备报废工作，是仪器设备管理过程中的重要环节，规范处理可以提高国有资产使用效率，避免国有资产闲置，减少对环境的危害，否则，容易造成仪器设备的浪费和国有资产的流失。因此，高校领导要高度重视，建章立制，建立相应的管理机构，配备专业管理人员，完善运行机制，提高制度执行力。校领导、相关部门的管理人员，如设备处、国资处、财务处等管理人员，要加强业务学习，特别是涉及国有资产管理的文件、制度、办法，并规范运用操作，以减少各种违规现象的发生。本案例中，该校对需要处置的资产，应向省教育厅提出申请，并提供有关文件材料及情况说明，同时在"江苏省省属高校国有资产管理信息系统"中填制，提交"省属高校国有资产处置申请表"，待省教育厅批复后再行处置，否则，容易造成财务账与设备账、价值账与实物账之间的差异。

②加强对资产管理人员的培训

高校应定期和不定期将国家和省有关国有资产管理、财务管理的文件汇编成册，有重点地进行培训学习。领会精神，掌握实质，提高执行能力。要加强业务能力培训，不断提高基层单位设备管理人员管理设备能力，做到待报废资产账、物、卡、人、地信息清楚。加强对基层管理人员操作"江苏省省属高校国有资产管理信息系统"技能的培训，及时正确填制、提交资产处置申请单，熟悉资产处置网上流程，以防出现处置申请单在某个环节、节点耽误时间过长的现象。财务部门的资产管理和核算岗位人员要加强政策法规及业务知识学习，熟悉资产处置程序和具体手续，熟练进行经上级部门批准的处置资产的账务处理。

③仪器设备报废工作常态化、规范化

按照国有资产动态管理的要求，高校对资产的现存状况以及配置、使用、处置、收益进行动态跟踪管理，及时将资产变动信息录入"江苏省省属高校国有资产管理信息系统"。由于设备管理工作涉及学校所有部门和单位，工作量大，原则性强，学校应定期开展资产仪器设备报废工作，按照计划安排，进行技术鉴定，提交校长办公会研究，上报省教育厅审批，回收实物残体，进行账务处理，核算处置收益等，按部就班，有条不紊——这样既可以集中时间、人员、精力，保证仪器设备报废工作按期完成，又可以防止时间跨度长、精力分散、人员不齐等因素影响其他日常工作，促进仪器设备报废工作程序化、规范化，避免由于程序简化造成电子仪器设备处置违规现象的再次发生。

2.资产配置不合理且利用率低下

（1）案例描述

上级主管部门在对某高校进行资产清查时，发现该校存在着下列资产管理问题：

①该校理工学院存在若干有账无物资产，如某教师在"省属高校国有资产管理系统"中，记录、保管笔记本电脑一台、移动硬盘一个，由于该教师已经调离学校，无从追踪这部分资产；学院兼职资产管理员调往学校机关部门工作，仍然显示在该学院保管10余件资产。

②在检查该校人文学院一仓库存放的仪器设备和办公设备时，发现有一批信息网络设备已经达到报废年限标准，但于6年前购置至今未拆封；还发现部分设备虽未到报废期限，但已尘封，其中就有前任院长所用的办公用计算机和桌椅（新院长又重新配置一套办公计算机和桌椅）。

（2）案例剖析

本案例中，该校资产管理不善，造成国有资产闲置、浪费，违反了《党政机关厉行节约反对浪费条例》第四十四条，《行政事业性国有资产管理条例》的相关规定。

本案例中，该校资产管理制度缺失，制度执行不力，重复配置，采购、验收、使用环节脱节，其后果是：造成国有资产的流失，给学校带来直接经济损失；资产配置不合理，一方面资产重复购置，增加学校支出，浪费学校资源，另一方面，资产闲置，降低办学效益。出现以上违反规定的原因是：

①缺乏资产管理责任意识

高校一向重视教学、科研等工作，对资产管理工作的重要性认识不足、重视不够。

②缺乏有效的约束机制

高校长期以来依赖财政拨款办学，"等、靠、要"的思想十分严重，一向重钱轻物、重用轻管。一些高校资产管理规章制度不健全，已有的资产管理制度也未能很好地执行，资产管理缺乏有效的约束，造成管理失控，家底不清，前清后乱，难以保证资产的安全和完整。

（3）改进建议

为规范资产管理，提高资产使用效率，高校应当做好以下工作：

①建立健全资产管控系统，实现资源共享

按照上级要求和管理需要，高校应当按照科学、合理、高效的原则，建立有效的激励机制，创建资产共享共用平台，提高资产利用效率，促进资源共享。破除院系和部门"抢占"资产、"霸占"资源的观念，树立资源共享意识；制度上，建立全校资源共享和调剂使用机制，实行资产动态管理。建立健全适合动态管理要求的资产管理信息系统，实时查询管控学校的所有资产。对于长期闲置的资产，资产管理部门要及时收回，统一配置，调剂使用。实验室建设中，除了注重仪器设备采购论证之外，应该在资源共享、充分利用、提高使用效率上下功夫；购置专业设备前，要充分考虑现有设备使用率，能否实现校内、院系之间资源共享；通用设备由学校统一规划、统一配置、统一管理。

②严格执行制度规定，统一资产配置标准

制定并严格执行办公设备类资产配置标准，坚持"谁使用、谁保管、谁负责"的原则。建立个人办公设备类资产的跟踪管理制度，由设备管理部门在资产实时管控系统中设置报废期限预警，由管理部门统一更换配置。在对闲置资产，盘亏、呆账及非正常损失的资产，已超过使用年限且无法使用的资产等资产报废处置时严格把关，坚持报废标准，不到报废期限的资产不得处置。

③充分挖掘现有存量资产，注重绩效考核

资产绩效管理的重点是考核各单位各类设备和实验室使用和开放共享程度，尤其是通用性较强的仪器设备和大型仪器面向校内外开放共享及使用情况。要打破实验室建设中缺乏规划、大型仪器设备不能综合利用的现状，加强实验室教学的信息化平台建设，包括实验教学资源平台和实验教学管理平台。加强实验室管理人员和实验室使用人（教师、学生）的互动，通过网络实现对大型仪器设备使用的在线预约，提高资产使用效率，使得大型仪器设备在其使用寿命周期内发挥最大的作用。

3.高校商誉被盗用

20世纪90年代，某一眼镜销售老板主动找上门来，要求同XX医学院合作开办眼镜销售店，学校提供验光技术支持，老板每年给予学院5万元的合作费。校方觉得划算，便同该老板签订了10年的合作协议。合作10年后，因老板未能依照协议规定如期足额支付合作费，校方决定不再续签合作协议，并要求眼镜店老板停止使用"汉医眼镜"的牌子，老板同意不再签订合作协议，但不同意摘下"汉医眼镜"的牌子，校方将老板的侵权行为诉之法院，可学校始终未能胜诉。原因是，老板早在5年前就以个人公司的名义向XX市商标局注册了"汉医眼镜"的商标，由于XX医学院并没有向商标局办理过简称"汉医"的商标注册，也没有办理过"汉医眼镜"的注册，从法律角度看，"汉医"以及"汉医眼镜"与"XX医学院"并不存在关联关系，从而可以推断"汉医眼镜"并没有构成对"XX医学院"的侵权行为。

经过10年的合作，"汉医眼镜"就是"XX医学院"开办的眼镜销售店的观念已经深入人心并且根深蒂固，"汉医眼镜"赢得市民的普遍信赖，为眼镜店老板带来非常可观的收益。

10年来，"汉医眼镜"先后在汉东各县（市、区）开设了近10家分店，而总店的招牌就高高地悬挂在学校门口对面的教师宿舍楼下的铺面上，每天前来验光、配镜的客人络绎不绝，生意十分红火。

明知学校被老板利用了，学校的商誉被人盗用了，学校已经上了"别人把自己卖了，还要帮着别人数钱"的当，可学校对此始终有口难言，束手无策。学校经常为了得到一点"蝇头小利"而落到"赔了夫人又折兵"的境地，现实残酷，教训深刻。

究其原因：一方面是老板个人功利心强。企业经营目标是利润最大化，老板同高校进行合作，一是想利用学校的资源扩大企业在社会的影响力，实现经营赢利；二是利用与学校的合作，找到风险转移的对象。另一方面是管理者责任心不强。公立高校是事业单位，教职工的主要心思是放在教学科研上，经营管理不是学校的强项，大家普遍缺乏商业风险防范意识，加之个别管理人员在合作期间因为和老板有一些利益往来，结果"吃了人家的饭嘴软，拿了人家的东西手短"，涉及合同纠纷时，不但不能站在学校的角度据理力争，还得替别人说话求情。

（三）高校资产管理创新研究

高校资产是高校办学资金的物化形态，是以实物形式表现的办学资金。2021年2月1日由李克强总理签发的《行政事业性国有资产管理条例》（国务院令第738号）对高校资产管理做出了明确的规范要求，明确指出："行政事业性国有资产属于国家所有，实行政府分级监管、各部门及其所属单位直接支配的管理体制。""各部门及其所属单位管理行政事业性国有资产应当遵循安全规范、节约高效、公开透明、权责一致的原则，实现实物管理与价值管理相统一，资产管理与预算管理、财务管理相结合。"

加强高校资产管理，充分挖掘资产潜力，是保证高校顺利完成各项教育、科研任务的物质基础，也是提高高校财务管理水平和各项资金使用效果的关键。高校资产包括固定资产、物资、低值易耗品和无形资产等。

高校资产管理是财务管理的重要组成部分，应符合以下要求：讲求实效，厉行节约；健全制度，家底清楚；加强维修，注意保养；加强领导，明确责任；保证高校工作任务的完成与事业计划的实现；保证单位资产具有足够的流动性；高校资产管理必须有利于提高资产的利用效率；保证资产的安全完整。

高校资产管理的原则：建立科学的资产管理体系和管理制度；以公共利益为中心，科学合理地运用各项资产，提高其使用效益；注重国有资产的保值增值。

1.强化资产管理意识

加强资产管理，使管理者和使用者把资产管理提高到关系高校生存与发展，关系教学、科研和各项事业顺利进行的高度来认识。

2.完善高校资产管理制度

建立健全资产清查制度。通过清查核资，真实、完整地反映高校的资产和财务状况，为加强高校资产监督管理奠定基础。

3.合理配置资产

资产合理配置是对不同类型的资产进行统一管理，实施合理优化的配置，使其结构比例合理，并进行资产结构的动态管理。它可以避免高校内部单位出现"小而全"、重复建设、分散管理的不良现象，提高高校资产的利用效率。

总之，高校只有不断增强资产管理意识，健全资产管理体系，创新资产管理制度，加强"非转经"资产管理，完善无形资产管理，重视资产效益的考核和无形资产的评估工作，发挥财务监督职能，通过定期的资产清查及时发现管理中存在的漏洞，使高校资产管理步入规范化、法制化的轨道，确保资产的安全和完整，促进资产的保值和增值。

教育主管部门也应加强高校资产的管理。首先，教育主管部门应通过政府采购加强对高校资产购置的监控，可以通过政府采购目录、金额标准等的细化，防止高校盲目采购和重购轻管的现象。其次，教育主管部门通过资产审计、资产清查等，加强高校资产管理，防止国有资产的流失和资产使用的低效率。再次，教育主管部门可以调控一些重要设备在高校之间的共同使用，减少重要设备长期闲置现象的发生。

表3-7　高校资产管理内部控制可能存在的风险和需要采取的措施

可能存在的风险	需要采取的措施
管理不到位的风险	明确部门职责，实行归口管理，建立健全资产管理制度
配置不合理的风险	定期清查盘点，清楚资产存量，开展资产绩效评价
论证不充分的风险	建立论证专家团队，坚持财经委员会咨询和领导集体决策
处置不恰当的风险	明确资产处置的申请、验证、审核报批程序和相应手续

（四）高校资产管理的若干思考

（1）现金历来都是一项流动性最大的资产。如今，随着支付手段的进步（如网上银行、手机银行、公务卡报账以及微信转账支付），高校现金收付业务逐步减少，现金的风险系数也在逐步降低，因此高校对资产控制的力量分布应当进行重新调整，应将原来安排在现金控制的力量逐步转移到其他方面控制上来。

（2）高校固定资产的风险发生总是同固定资产的招标采购、维护保养和投资处置等行为密切相关。通过贯彻落实好"谁用，谁管，谁负责"的资产管理原则和开展资产绩效评价等措施，改变"重购买，轻管理，重复购置，低效运转"的资产管理现象十分紧迫。同时，由于高校固定资产的处置报批手续比较麻烦，不少高校已经到期报废或者已经报废不用的资产还会人为地挂在会计账上，报废资产得不到及时处置。因此，高校的会计部门和资产管理部门应当切实加强报废资产的清理申报和账务核对工作。

（3）高校的大部分无形资产都没有进行价值评估，没有进行账务登记，单位无形资产归口管理部门因校而异，相对于其他资产，高校的无形资产的管理制度比较混乱。日常工作中，高校的无形资产风险在于保护意识不强，利用不当，常常出现被不良商家恶意侵占的现象。因此，随着高校知识产权数目的逐步增加，高校应当重视无形资产的日常价值评估、账目登记、产权梳理等管理工作。

（4）高校教职员工的主要心思是放在教学科研上，经营管理并非学校的强项，在市场经济条件下，学校同经营老板合作，必须提高警惕，慎之又慎，既要考虑老板个人的诚信行为，又要根据学校可能承受的风险水平在合同上明确学校可能承担的风险上限，在管理上充分考虑到风险降低、风险分担等问题，设定风险防范措施，保证学校合作风险扩散不会影响到学校的正常运转。当前国家鼓励高校科研人员创办公司，高校一要鼓励，二要将个人行为同学校行为进行合理切割，促使科研人员加强自我风险防范能力，以降低高校的风险承担。

（5）过去，高校一般都建立物资仓库，各部门和二级单位物资进出都通过仓库验收、登记、保管、领用。近年部分高校为方便各二级学院工作，取消了仓库，结果出现各部门自行采购并采用虚假发票报账的行为。为加强对材料物资的控制，部分高校又开始重新建立仓库，统一进行物资材料的采购、验收和领用登记工作。这一做法不一定有利二级学院工作，但高校将耗用数量多、价值大的原材料、办公用品、低值易耗品、大宗物资等作为存货管理，对预防虚假报账肯定是有帮助的。实行校院二级管理、简政放权的同时，必须更加注重明确相关部门和岗位的职责，做到不相容岗位相互分离，规范存货出入库管理流程，防范存货管理风险。

二、债务管理

（一）债务管理的含义

近年来，我国高等教育事业蓬勃发展，无论是招生规模还是高校办学实力都呈现出了可喜的发展势头。各大高校不断扩招以应对学生人数的增长，高校面临基础设施建设，研究设施建设以及优秀师资队伍的引进等问题，为实现这些目标，势必需要大量的资金，然而公立高校并非是营利组织，大部

分的资金来源于政府拨款。随着高校的发展，政府教育经费的投入逐渐无法满足其资金需求，高校普遍面临建设资金缺口较大的现实问题，在这种形式下，举债发展、负债办学或许是一条实现高等教育事业跨越式发展的可取之路。负债发展的情况已经成为国内高校现在发展的普遍模式，而负债经营的发展方式可以在一定时间内解决高校资金问题，但随着时间的推移，也会让高校产生巨大的财务风险，不利于高校的可持续发展。因此，债务管理也成为高校财务管理的重要组成部分。

高校的负债是指高校所承担的能以货币计量，需要以资产或劳务偿还的债务。高校的负债包括借入款项、应付及预收款项、应缴款项、代管款项等。由于应缴款、应付款、代管款等款项是在高校日常发生的零星支出，相对于借款而言金额小、期限短，并不会对高校的财务产生过大压力，因此，我们在这里所指的高校负债主要是指高等学校因学生人数增长，投入的基础设施建设、教育资源等需求而向学校以外通过各种方式筹集资金所导致的负债，需要在一段时间内按照一定规则偿本付息，而偿还这部分本息所产生的偿债风险则是高校债务所引发的主要风险。

高校保持合理的负债水平很重要，要注意防范财务风险，建立财务预警机制。负债管理是目前高校财务的一个重要问题，为了促进高校财务的健康发展，需要加强负债管理和财务风险预警。

（二）高校债务管理案例分析

1.非税收入管理不规范

（1）案例描述

上级主管部门委托会计师事务所在对某高校2019年度预算执行情况及财务决算审计时，发现该校2019年共取得非税收入18180.03万元，当年12月15日一次缴入国库18000.03万元，欠缴180万元。经调阅凭证发现，欠缴的180万元为12月30日通过银行扣款的学生学费及住宿费。问及未上缴原因，该校财务经办人员解释，因为负责收费的财务人员不知已将当年非税收入上缴国库。此外，审计人员还发现该校将收取的进修生学费、双学位辅修学费等收入中的855万元从"应缴财政专户款"转入"教育事业收入"科目，此款未上缴财政专户；将2019年发生的自行处置资产形成的收入一直计列"代管款项"科目，未确认收入，金额合计376.55万元。

（2）案例剖析

在本案例中，该校应缴财政专户的非税收入未按规定及时足额上缴，违反了《中华人民共和国预算法（2014年修正）》第五十五条、《中华人民共和国预算法实施条例》第六十七条、《高等学校财务制度》第二十二条规定。

该校2012年度只在12月份集中一次将非税收入上缴国库且未足额上缴，此外将应当上缴的非税收入在往来科目列收列支，违反了上述有关规定，其后果是：第一，导致学校会计信息失真，不能真实反映学校当年收入情况；第二，扰乱正常的收费秩序，给学校带来了违规收费而被处罚的财务风险。

究其原因主要有以下几方面。

①上缴财政专户意识淡薄

高校办学资金持续紧张，"十一五"前为适应高等教育大众化发展的要求，高校不断扩大招生规模，通过银行贷款筹资建设新校区，背上了沉重的债务负担。现阶段又加大了以提高人才培养质量为特征的内涵式发展的投入，导致高校资金周转更加困难。少数高校为缓解办学资金紧张的压力，多方筹措办学经费，无视国家和省有关收费方面的相关规定，未将应当上缴的预算资金及时、足额地上缴财政专户。

②未能严格执行有关非税收入规定

非税收入管理工作是一项涉及面广、政策性很强的工作。但部分高校对财经法规学习不够，缺乏对新制度、新规定的了解，业务不精，仍然局限于传统的预算外资金管理范围，并没有能够真正突破这些管理范围，如不少高校的国有资本经营收入没有纳入非税收入范围，从而导致非税收入范围过于狭窄，造成新政策出台后部分高校仍按老政策执行的非故意违规行为。

③对违规行为监督和惩罚力度不够

国家和省政府对非税收入管理都有明确的政策。部分高校心存侥幸，上有政策下有对策，企图蒙混过关。同时，由于惩罚力度较轻，政策的威慑性不够，效果欠佳，导致违规行为法不责众。在实际的操作过程中，非税收入大多没有按照相关规定及时、足额上缴给财政专户，造成财政性资金的体外循环。

（3）改进建议

为避免上述违规行为的发生，进一步规范非税收入管理，提出如下建议。

①加强政策学习并严格执行非税收入管理规定

高校应加强对非税收入管理政策的学习、宣传，尤其注重加强对学校各级干部、财会人员的宣传培训，准确把握各项政策内容和文件精神，使学校各级干部，财会管理人员统一思想认识，做到与时俱进、开拓创新，从而不断提升高校非税收入管理水平。

②建立健全相关非税收入管理制度

高校必须依据国家和省政府非税收入管理有关政策，建立和完善校内非税收入管理制度，将非税收入纳入学校预算管理，及时组织非税收入，足额上缴财政专户，对国有资产处置收入应实行"收支两条线管理"。要及时防范各种违规收费及坐收坐支行为，制定责任追究制度，实现非税收入管理工作的规范化、制度化和法制化。

③加大对非税收入的监管和检查力度

上级主管和财政部门要加强对高校非税收入管理工作的监管，督促高校认真贯彻和落实非税收入管理政策和各项规定，引导高校规范管理和核算非税收入。监管部门在监管过程中要加大检查力度，对于高校违规行为要及时通报，落实处罚措施。高校应进一步完善非税收入管理工作约束和监督机制，定期组织非税收入的自查自纠工作，充分发挥纪委、监察、审计等部门的校内监督作用，做到应收尽收、应缴尽缴，进一步规范对非税收入的会计核算，努力提高非税收入管理水平。

2.Y省高校负债规模过大

Y省是边疆少数民族省份，截至2019年12月，全省共有地方高校81所，其中本科院校32所，专科院校47所，科研机构2所。该省高校从1999年大学扩招开始逐渐有了债务，2007年Y省政府要求各个公办高校进行了大学城的建设，大规模的基础设施建设迫使学校大规模贷款建设新校区。从2007年开始，Y省高校债务规模开始大幅度增长。根据Y省统计年鉴的数据，Y省高校2017年负债总额为1326609万元，2018年负债总额为1639461万元，2019

年9月负债总额为1660860万元。高校负债总额一直在百亿元以上。而Y省高校的收入来源渠道有限，其主要收入来源有：财政拨款收入、教育事业收入、科研经费拨款、自身校办企业创收以及捐赠收入。而在这一系列收入当中，可以动用的却少之又少，学费收入不多还常常需要减免，导致学费收入只能维持各个高校的日常开支，并没有余钱偿还债务；科研经费拨款为专款专用的拨款收入，不能用于高校偿还债务；获得的社会捐赠收入较少，不可能用于偿还债务；高校自身校办企业创收有限，不足以支撑高校债务的规模。因此，Y省高校收入最大来源是国家财政拨款。尽管国家对高校的投入逐年递增，但相对于高校办学成本成倍数地增加，政府拨款收入增幅相对来说增加速度较慢，仍然不能够完全解决高校逐渐扩大的债务问题。如果作为高校最大收入来源的政府拨款资金数额不能解决大额的负债，那么债务的规模将会持续扩大，而公办地方高校的偿债能力也会越来越弱，造成债务风险的增加。随着时间的推移，长期性的债务开始逐步到期，各所高校债务规模巨大，近几年又持续进行教育资源的投入，没有足够的流动资金以应对即将到期的大规模债务，产生了巨大的风险，这并不利于高校的健康发展。

（三）高校债务管理创新研究

1.增强贷款风险意识

不少高校背上沉重的债务压力，产生许多负债"并发症"，固然有其事业发展中遇到资金困难的原因，但也不应否认，很多高校领导缺乏风险意识，只考虑贷款没考虑还款，错误地认为花银行的钱，为国家办事，还不了国家自会想办法埋单。这也是高校贷款快速增加、隐患重重的一个重要原因。要全面、有效地控制高校的财务风险，从学校领导到普通教职工要树立风险意识，提高对财务危机的警觉性，要把风险防范贯穿到整个管理工作之中，特别要贯穿在领导决策工作之中，通过建立和落实严格的规章制度来加以保证。

2.合理控制贷款规模

合理控制贷款规模是有效防范财务风险的关键。贷款规模的大小，不是拍脑袋拍出来的，而是综合各种指标测算出来的。因此，学校对贷款规模的把握必须建立在科学论证的基础上，坚决防止长官意志代替专业人员科学论证的盲动行为发生。高校属于非政府组织，不同于企业，其开展业务活动的目的不是为了营利，收益和偿付能力有限，过高的负债将加重其偿债负担。因此，高校对负债，尤其是借入款项应该格外慎重，严格控制借款规模。

3.确保贷款使用效益

俗话说，吃不穷，穿不穷，计划不到就受穷。在高校利用银行贷款发展的同时，一定要高度重视并认真做好贷款的管理使用和效益评价工作。某些领导在争取贷款方面花工夫很大，但在贷款使用管理方面却投入精力不足，这是极其危险也是极其错误的。高校负债的分类虽然简单，但由于各类负债的性质和用途及偿还要求等不同，财务管理的要求也就不同。对借入款项，高校应合理利用，提高资金周转速度，充分发挥使用效益，并按期归还；对应付款项和暂存款项，应当划清与其他资金的界限，单独管理，及时结算，不得挪用；对应缴款项，应严格按照国家规定，及时、足额上缴，不得截留、坐支、挪用和拖欠。

4.努力降低负债成本

首先，高校要认真分析本单位的资金需求状况，采用科学的方法，合理确定资金需求量，既要避免资金筹措不足带来的资金短缺成本，又要避免资金筹措过度带来的资金限制成本。其次，高校要了解筹资渠道，研究各种筹资方式的筹资成本，进行充分调研和可行性分析，在确保筹资规模满足需要的前提下，努力降低筹资成本。

5.按规定及时清理结算

高校对于往来款项中属于负债性质的款项，如应付款项、暂存款等，应及时组织清理，按时进行结算，不能长期挂账；对于借入款项和应缴款项，应严格按照规定，在法定期限内及时偿还和缴纳。

高校还应建立风险管理系统和风险预警机制以及科学的财务分析系统。此外，要想全面提高其还款能力，还应借鉴国外经验，开辟多元化的筹资渠道。高校应随时根据实际情况调控好财务决策与投资步伐。多元化的筹资方式，是现代高校办学筹资的一个新变化，高校管理层和财务工作者应结合自身实际情况和发展需要制订多元化的筹资计划和方案，逐步建立一套切实可行的筹资方法，合理控制资产负债比率和较灵活的偿债能力，科学规划学校发展。

第五节　经费管理

随着高校的迅速发展，我国已逐步建立了稳定的高校经费投入增长机制，高校经费总体规模迅速扩大。但是各高校依然不同程度存在经费短缺的现象，并且在经费管理使用中普遍存在着经费使用不尽合理、存在一定程度损失浪费等问题，使本来就紧张的高校经费不能产生应有的效益，加剧了资金的供需矛盾。本节以科研经费为例进行具体阐述。

一、科研经费的含义

科研经费泛指各种用于发展科学技术事业而支出的费用。科研经费通常由政府、企业、民间组织、基金会等通过委托方式或者对申请报告的筛选来分配，是用于解决特定的理论问题和实践问题的经费。

高校科研经费是高校或教职工以学校名义或利用学校的资源，通过开展科研项目研究、科研技术咨询等一系列科研相关服务活动并从中取得的资金收入。

从高校科研工作的实际看，高校的科研经费指高校用于开展学院科研工作而支出的费用。高校科研经费从来源看，主要有相关政府部门下拨的科研专项经费、企业及其他社会组织委托高校承担科研攻关的项目经费以及高校在每年的事业支出中安排的科研经费；从支出的类别看，科研经费分为直接用于科研项目的直接经费和用于科研项目管理、科研成果转化等方面工作的间接经费；从性质来看，科研经费分为用于项目研究成本的费用，如资料费、实验费、调研费等，以及用于项目研究的智力及劳务报酬，如专家咨询费、专家评审费、劳务费、稿费等。

二、科研经费管理的作用

科研经费管理是科研管理的重要内容，规范严格的科研经费管理对保障科研项目的顺利完成、促进高校科研水平的提高具有重要的作用。

高校科研经费管理的作用主要有以下四个方面。

（一）科研经费管理对科研项目的顺利完成具有促进作用

科研经费是科研项目完成的基本保障，没有足额的科研经费作为支撑，科研项目是不可能顺利完成的。严格规范的科研经费管理在促进科研项目顺利完成方面的作用表现在：一是科研经费管理可以保证科研经费及时提供给课题组，为课题研究的顺利开展提供经费支持；二是科研经费管理可以使不同项目的科研经费在支出上更为合理，保证科研经费能够发挥最大效益；三是科研经费管理可以从财务的角度督促课题组按照计划开展研究工作，确保项目研究能够在规定的时间内完成；四是科研经费管理可以从财务管理的角度为课题组的财务支出提出建设性的意见，使科研人员能够得到合理的报酬，以调动科研人员的积极性，保障科研项目的顺利完成。

（二）科研经费管理对科研人员具有保护作用

从财务管理的角度看，科研经费在使用的过程中会有一些潜在的财务风险，如果对科研经费使用不当，财务风险会诱发科研经费管理和使用方面的腐败，从而对科研人员造成一些原本可以避免的伤害。所以，科研经费管理不仅对科研项目的顺利完成具有促进作用，而且对科研人员具有保护作用。科研经费管理对科研人员的保护作用表现在：一是科研经费管理可以督促科研人员按照国家法律法规的规定使用科研经费，可以减少科研人员在科研经费使用方面的违法行为；二是在科研经费管理中，可以及时发现科研经费使用方面存在的问题，并对存在的问题进行及时整改，把一些问题解决在萌芽状态，从而对科研人员起到保护作用；三是科研经费管理可以使科研项目的账目清楚，便于有关部门的检查，同样可以起到保护科研人员的作用。

（三）科研经费管理对高校教师队伍建设具有促进作用

教师队伍建设是高校一项十分重要的工作，建设一支高素质的教师队伍是高校提高人才培养质量的基础。科研工作在高校教师队伍建设中发挥着重要的作用，科研经费管理在高校教师队伍建设中也发挥着重要的作用，对高校教师队伍建设具有积极的促进作用。科研经费管理对高校教师队伍建设的促进作用表现在以下两个方面：一是通过科研经费的管理，促使课题组严格认真按照研究计划开展课题研究工作，让教师的理论水平在课题研究中得到一定程度的提高，从而为教师队伍素质的提高奠定理论基础；二是通过科研经费的管理，促使课题组严格认真按照研究计划开展课题研究工作，使教师的业务素质在课题研究中也能够得到一定程度的提高，起到促进教师队伍建设的作用。

（四）科研经费管理对高校科研水平的提高具有促进作用

高校的科研水平是高校软实力的重要组成部分，是高校提高人才培养质量，实现内涵发展的基础。高校科研经费管理不仅对教师队伍建设有积极的促进作用，而且对高校科研水平的提高也具有促进作用，表现在：一是在科研经费管理中，可以通过对课题支出项目的调整，合理加大科研人员智力性报酬所占的比重，使科研人员的智力支出能够得到合理的回报，这样，就能够有效地调动科研人员的积极性，达到促进高校科研水平提高的作用；二是科研经费管理可以从财务的角度对科研经费的使用提出建设性的意见，从资金上保证科研项目的顺利完成，这对促进高校科研水平的提高同样会起到积极的作用。

三、科研经费管理的原则

从高校科研经费管理的实际出发，在高校的科研经费管理中，应坚持以下四个基本原则。

（一）法律政策相符性原则

在科研经费的管理过程中，科研经费管理的措施、办法，既要符合国家法律的规定，也要符合相关政策的规定。目前，为了调动科研人员的积极性，国家调整了科研经费管理的办法。2017年2月13日，中共中央办公厅、国务院办公厅印发《关于进一步完善中央财政科研项目资金管理等政策的若干意见》。2021年8月5日国务院办公厅颁布了《关于改革完善中央财政科研经费管理的若干意见》（国办发〔2021〕32号），这个文件是目前高校科研经费管理主要的政策依据，高校在科研经费管理中，应根据这个文件的要求，及时调整完善科研经费管理的措施和办法，使学校科研经费管理的措施、办法符合文件的要求。同时，在科研经费管理中，对一些与科研活动无关的费用，要严格把关，不能从项目经费中列支。科研人员的劳务报酬，要按规定上缴个人所得税。

（二）目标相关性原则

在科研经费管理中，还要坚持目标相关性原则。相关性原则就要求在科研经费的管理中，要注意以下三个方面的问题：一是科研项目概预算总量，要以科研项目的任务目标为依据；二是科研经费支出的强度与结构应以任务目标为依据；三是科研经费支出应与研究任务紧密相关，符合研究任务的规律和特点。

（三）措施可行性原则

高校科研经费管理不仅要符合国家法律和政策的要求，还要符合高校的实际。科研经费管理的措施办法只有符合高校的实际，才具有可操作性。为此，高校在科研经费管理方面，应注意以下三个方面的问题：一是对科研项目的绩效考核，要符合高校的实际，不能对高校的科研项目提出过高的要求；二是高校专职科研人员不多，大部分是兼职的科研人员，他们除了要承担科研任务外，还要承担教学任务或行政工作，在科研经费的安排上，应安排一部分劳务报酬，作为科研人员智力付出的报酬；三是在具体项目的支出方面，在符合国家法律政策规定的情况下，尊重课题组的意见。

四、当前高校科研经费管理中存在的主要问题

高等学校承载着人才培养、科学研究、文化传承和社会服务四大功能，高校的四大功能都承载着研究任务，高校是全社会科研经费申报和使用的主阵地。高校科研经费管理和使用方面的风险主要表现在以下几个方面：一是违规转拨经费，部分项目违反规定，擅自调整预算，自行增加课题合作单位，以委托测试等的名义将科研任务外包，向合作单位以外的其他单位转拨经费；二是利用虚假票据列支财政资金，有的是虚假业务、虚假票据，有的

是真实业务、虚假票据，有的是虚假业务、真实票据；三是违规列支招待费、礼品费以及个人消费性支出等，有的直接在专项经费中列支招待费、礼品费、福利费等明显不允许列支的费用，有的以会议费、材料费等的名义，将在商城、酒楼、健身俱乐部、旅行社、商务公司等的消费支出在专项经费中列支；四是违规发放劳务费、专家咨询费，有的学校扩大与人员相关费用的发放范围、标准，以编造虚假劳务合同、代签代领、虚构人员名单等方式违规支出劳务费、专家咨询费，有的劳务费、专家咨询费发放手续不完备，随意性强。

五、科研经费管理案例分析

（一）伪造虚假课题骗取资金

1.案例描述

湖南省某高校两名教师王某与李某在2010年6月至2011年8月期间，通过委托他人私刻公章，制作假公函，先后伪造新闻出版总署科研立项文件7份，交给学校科研处。学校科研处在没有认真核实的情况下给予立项，并下拨配套资金，涉及课题7项、立项经费83万元，其中包括与该校科研处处长李某有关的课题2项。2011年10月8日，该校在审计时，发现新闻出版总署的科研经费没有到账，然后致函新闻出版总署，经与总署办公厅核实，所附7份总署公文均系伪造，新闻出版总署根本就没有审批过该校王某与李某为项目负责人的课题。2011年12月28日，该校对两名主要责任人做出处理：给予王某开除留用察看一年处分，根据《教师资格条例》有关规定，报教育行政机关撤销其教师资格；给予李某党内严重警告处分，免去其科研处处长职务。

浙江省某高校计算机系教授张某于2008年2月通过与企业串谋申报省财政资助的产学研合作项目，骗取财政配套资金300万元。经查发现，张某与某软件开发公司联合申报省财政资助的产学研合作开发项目，合同规定项目资金总额为500万元，企业出资200万元，财政配套资助300万元，项目由该校组织实施完成，研究成果由该企业率先使用，学校、企业和政府对科研成果共同所有，项目建设周期为3年。但在2010年财政部门审计时发现，企业出资的200万元资金到学校账户后仅半年又全额退回了企业，项目的研究成果与王某的另外一个已经结题的国家自然基金项目的研究成果雷同。经过多方证实，最终张某承认，自己故意与软件公司串通，利用自己前期的科研成果重复立项，骗取财政立项资金。2011年10月，该校给予张某开除处分，并移交司法机关处理。

2.案例剖析

在本案例中，三名教师伪造虚假立项课题骗取财政或学校配套资金的行为违反了《关于改进加强中央财政科研项目和资金管理的若干意见》（国发〔2014〕11号）第十一条、《关于严肃财经纪律规范国家科技计划课题经费使用和加强监管的通知》（国科发财字〔2005〕462号）第七条、《教育部关于进一步规范高校科研行为的意见》（教监〔2012〕6号）第二条第四款规定。

在本案例中，王某与李某多次利用虚假文件立项，并骗取学校科研配套资金，究其原因，主要有以下几点。

（1）学校科研立项制度不健全

高校在科研制度建设过程中，往往只重视科研经费的支出管理，忽视了对科研课题立项程序的管理。

（2）盲目追求科研经费和科研成果

目前高校之间实力和各种排名的竞争，其主要指标之一就是科研成果和科研经费的数量，致使高校在评价教师的价值和职称评审时注重教师论文、课题和专利，而忽视了教师的教学质量和教学成果。在这种导向下，广大教师不再以课堂教学为中心，而是想方设法跑课题、拉项目，致使个别教师就像上述案例中王某和李某一样不惜用违法的手段来获得科研项目和科研资金。

（3）少数教师学术道德缺失

目前，在国家层面，科学研究已被提高到国家战略的高度。在个人层面，科学研究则更多地与个人的职称、职务的升迁以及个人荣誉联系在一起。如本案例中的王某和李某，为了达到个人目标和满足个人对荣誉的追

求，忘记了作为一名科研工作者所应具备的学术道德，做出了弄虚作假、重复申报课题等有违学术道德的行为。

3.改进建议

为了避免此类事件的发生，加强对科研立项的管理，应加强以下几个方面的建设工作。

（1）健全立项制度，严格立项管理。高校要建立专门的科研项目立项管理制度，明确立项的程序和立项过程中各部门的责任，针对不同类型的科研项目制定有针对性的管理程序。特别是涉及配套资金的科研项目管理，学校要区别对待，若科研项目属于相关部门无资助立项，学校要严格审查立项文件的真实性，与项目审批单位确认后再拨付配套资金；若科研项目属于相关部门资助立项的，学校相关部门要在立项资金到账后才能安排相应比例的配套资金，避免没有核实之前就拨付配套资金的情况发生。

（2）加强部门之间的沟通与协调。在科研经费管理过程中，科研管理部门和财务部门要建立信息沟通平台，共享科研项目管理信息。科研管理部门要将科研项目完整的立项资料及时报给财务部门；财务部门应将课题经费的到账情况及时通知科研管理部门。在拨付配套资金前，相关部门要进行沟通协调，确保课题立项资料真实无误，立项程序合法合规。财务部门要对项目资金进行严格监控，及时把不合理的开支情况通报科研管理部门，避免出现上述案例中企业将项目资金抽回的违规现象。

（3）完善教师评价机制。高校对教师的评价应该把教学和科研结合起来，避免只重视科研而忽视教学，不能把科研作为评价教师价值的唯一指标，要在校内形成一种教学与科研同等重要的良好氛围。学校要制定相关的激励政策，正确引导广大教师在做好教学工作的同时投入到科研活动中来，通过科研工作促进教育教学质量的提高。

（4）高校应当合理设置科研项目管理岗位，确保项目申请、论证、立项审批、合同管理、经费管理等不相容岗位相互分离；高校应规范科研项目资料档案管理，确保科研项目资料档案的完整性、准确性和系统性，并在符合国家相关规定的前提下，建立科研档案资料的共享机制；高校应加强科研项目资金外拨业务的管理；高校应对科研合作单位资质进行审查。

（二）利用虚假发票和冒领劳务费套取科研经费

1.案例描述

中科院地质与地球物理研究所研究员、计算地球化学及其应用学科组组长段XX，负责本学科组科研项目的立项申请、项目执行直至结题验收全过程。而他的秘书车XX为学科组提供辅助性工作。两人于2002年至2011年7月间以报销科研经费为由，使用虚假的票据报销差旅费等共计124万元；2011年5月，段XX与他人签订虚假的网站开发合同，使用虚假的票据报销网站开发费用，骗取科研经费5.85万元；车XX于2003年至2010年间用假票据报销17.85万元。据段XX供述，在他虚报的差旅费中，有20多万元是保姆张某提供的前往银川的发票，有30多万元是蔺某提供的前往大庆的发票，另有20多万元是他每年回湖南老家探亲的票据和弟弟提供的发票，另外他还找了一家机票代理公司买了虚假行程单。

北京市某高校外国语学院外语教师肖某，2013年2月争取到一家部级单位的翻译研究项目，并担任该项目负责人，项目经费15万元。2013年5月，肖某从所在学院办公室工作人员那里拿到28名学生姓名和身份证号码后，从2013年5月至12月以这28名学生的名义分7次领取劳务费共计8.24万元。

2.案例剖析

在本案例中，段XX和车XX等利用虚假发票以及肖某借用学生名义套取科研经费的行为，违反了以下规定。

《关于严肃财经纪律规范国家科技计划课题经费使用和加强监管的通知》（国科发财字〔2005〕462号）第三条、《教育部关于进一步贯彻执行国家科研经费管理政策 加强高校科研经费理的通知》（教财〔2011〕12号）第一条第五款、《教育部、财政部关于加强中央部门所属高校科研经费管理的意见》（教财〔2012〕17号）第四条第十三款规定。

在本案例中，段某、肖某的行为产生的原因包含以下几方面。

（1）对科研经费管理缺乏正确的思想认识

目前高校中像段某、肖某等科研人员大有人在，他们认为科研项目和经费主要靠课题组争取而来，因此经费的所有权归课题组所有，学校无须过问

或过多干涉。科研人员只要有了项目，就可以从课题经费中提成，无限制地开销费用，甚至有人变相用科研经费购房、买车，以虚假的"食品、礼品、办公用品、劳保用品、图书"等发票入账，用于购买商场超市的购物卡等；从科研经费中报销个人及家庭费用以及考察费、旅游费等；购置固定资产，虽办理入库手续，但个人长期使用，或者根本就与项目无关；劳务费、专家咨询费被冒领或者超支；大额假发票时有出现，主要是定额发票，特别是对外地的假发票识别比较困难；大宗材料管理也存在问题，没有建立出入库管理制度，无法核查材料的真实支出情况，存在研究项目交叉使用材料问题。

（2）科研经费支出核算体制不健全

在本案例中，段某、肖某能侥幸成功冒领劳务费，利用虚假发票套取科研资金，主要是财务部门在实际核算过程中，只能对每一笔业务的合法性与合规性进行会计审核，但由于不了解整个项目预算中的各类支出比例，无法对经费使用的合理性进行有效的监督。

3.改进建议

为了避免此类事情的发生，规范科研经费支出管理，应做好以下几个方面的建设工作。

（1）加大对政策法规的宣传，提高相关人员对科研经费管理的正确认识

高校应当在全校范围内开展与科研经费使用相关的法律法规的宣传，明确院系部门和课题负责人的责任，严格按照法律法规和规章制度、财务管理制度规定执行，让所有的课题负责人意识到自己的科研经费归国家所有，违规使用科研经费就是变相地侵吞国有资产。学校还要对违反法律制度规定的人员实施必要的处罚。

（2）建立健全课题负责人责任制度

课题负责人要依法严格履行职责，认真负责地管好用好科研经费。科研经费到账后，财务部门应及时按照项目名称以及课题负责人设立会计项目账户，实行项目管理，并按照有关规定严格审核经费的开支，确保每笔支出都有课题负责人的审批和经办人、签收人的签章。

（3）建立和完善科研预算审核和科研经费会计核算制度

在科研经费核算中确定劳务费、测试加工费、专家咨询费、材料采购费、会务费、差旅费等支出的关键控制点。

劳务费发放时一定，要核实发放对象的身份，确定是否为课题组内固定劳务收入人员，并要求其提供明确的工作内容记录和说明、明确的参与时间以及参与人员身份证号等信息。

测试加工费支出时，要审核该加工费是否与预算相符合，是否超预算或预算是否经过审批，并审核测试单位的营业执照、章程、资质证明等，核实是否具有相关资质，是否与课题组或单位存在关联关系，对大额测试加工费支出核实业务委托合同，并核实测试报告、测试结果等资料。

专家咨询费支出时，要核实发放人员的身份，核实发放对象是否为课题组成员，并要求其提供明确的工作内容，如提供咨询报告、明确的专家参与时间、会议记录及专家签到表等，并要求列明专家身份证号、工作单位等信息，严格按照专家咨询费的发放标准进行办理。

材料采购费支出时，要审核该批材料采购费是否与预算相符合、是否超预算、是否经过审批、是否履行政府采购程序、大宗材料供应商是否具备相应资质、大宗材料采购是否签订采购合同、是否办理材料出入库手续等。

会务费支出时，要核实是否具有会议邀请函和会议内容等资料，要核查会议费支出的标准以及与课题项目的相关性等信息，要提供会议的支出预算表和会议审批表。

差旅费支出时，应要求提供出差的事由和经过，提供住宿信息和车票信息以及相对应的合法票据，核查差旅费支出标准和出差审批表等信息。

（4）建立健全科研单位内部监督机制

内部监督是整个科研经费监管体系的重要基础。当前我国高校设立的内部审计机构，作为高校监督体系的有机组成部分，在科研经费管理中应该发挥其职能作用。监督对象不仅应当包括科研项目组成员的课题研究情况，还应当包括科研管理部门的项目管理情况及财务部门的经费管理情况；从科研项目的结题审计转变为事前和事中审计，特别是对重大科研项目，应当实施跟踪审计，从而保证科研经费使用的规范和高效，提高科研经费管理水平和使用效益。

第四章　新形势下高校会计人员管理

在全球经济一体化和知识经济全球化的趋势下，不管是企业间的竞争，还是事业单位，特别是高校的竞争说到底其实质就是人才的竞争。面对高校经济利益多元化，经济关系复杂化、财务管理精细化的现实需求，我国高校财务管理要"上档次，上水平"，只有全面加强财会人员管理，提高财会人员整体素质，重视财会人员专业技能和理论知识的提升才能确保高校财务管理水平的提升，才能保证国家财经法纪的贯彻执行，才能保证教育资金和国有财产的安全完整，才能促进高校健康可持续发展。

随着社会主义市场经济体制的逐步建立和完善，单位之间的经济关系日益复杂化，财会人员的工作面临着严峻的挑战，对财会人员进行职业道德教育尤其重要。

第一节　新形势下会计人员的职业素质

加强对会计人员的职业素质管理特别重要，其将影响整个财务管理的效果。制度设计和管理得当可以增加经济效益，否则，会造成经济浪费和损失，其中财务管理的水平取决于会计人员职业素质的高低。

一、会计人员的专业素质

会计人员的专业素质将影响高校财务管理的整体水平，为保证财务管理的质量，必须对会计人员提出更高的要求。专业素质管理主要是通过明确会计人员准入条件、在岗会计人员的素质培养等手段来进行。

（一）高校会计人员的准入条件

现代高校财务管理需要高素质的管理人才，在录用会计人员时，应该设置一定的准入条件，但由于道德素质是通过日常行为表现出来的，面试时很难以考试的方式发现，因此，准入条件一般针对专业素质，虽然有职业道德条件的内容，但也是形式上的要求。高校会计人员的录用，一般应具有学历、专业、工作经验方面的准入条件。

（1）学历条件。本科高校培养的是本科以上的人才，一般情况下高校管理人员应该具备本科以上的学历，否则管理人员的层次与高校培养的人才层次不相适应。高校会计人员是管理岗位的专业技术人员，因此必须具备本科以上的学历。

（2）专业条件。高校财务部门的主要功能为会计核算和财务管理，两者互相联系、互相渗透，核算过程包含管理内容、管理过程需要核算的数据。高校会计人员既要会核算也要懂管理。会计人员的专业要求一般为会计专业或经济类的其他专业，但必须具备计算机应用的基本知识；系统软件管理和维护人员可以是计算机专业的，但必须具有一定的会计专业基础知识。

（3）工作经验。高校的一般会计人员除需要符合学历条件和专业条件外，还需要有一定的工作经验。

（二）会计人员知识结构要求

对于从事高校财务管理的会计人员来说，具备会计专业知识只是一个基础。一个合格的高校会计人员其知识结构应该是全面的，除了会计专业知识外，必须具备计算机、法律、管理学、经济学、统计学等其他相关学科的基本知识。

二、会计人员的职业道德素质

职业道德素质是会计人员素质的重要组成部分，出色的专业素质和良好的道德素养构成了高素质的会计人才。会计人员在会计工作中应当遵守职业道德，树立良好的职业品质、严谨的工作作风，严守工作纪律，努力提高工作效率和工作质量。

我们要进一步落实《中华人民共和国会计法》规定的"会计职业道德规范"条款，根据院校的财会人员职业操守准则，结合财会人员绩效考评办法，做好财会职业道德考核评价工作，完善财会人员本身的自律机制，并在日常工作中不断强调职业道德的重要性，使得每一个财会人员都具有强烈的职业道德意识。

会计人员职业道德评价体系是一项复杂的系统工程，具有整体性和层次

性。各个指标（表4-1）是一个既联系又分层次的有机体，且能为会计人员职业道德评价这一总目标服务。

表4-1　会计人员职业道德评价指标体系

综合评价指标	分类评价指标	单项评价指标
思想道德水平指标A1	诚实守信B11	会计数据求实，真实反映会计主体的经营状况C111
		执业谨慎，信誉至上C112
		说实话，办实事，做诚信人C113
	客观公正B12	公平公正，不偏不倚C121
		熟悉会计法律、法规，并依法办事C122
		保持独立性C123
	爱岗敬业B13	热爱会计事业，工作一丝不苟C131
		无私奉献，任劳任怨C132
		遵守各项规章制度，不迟到，不早退C133
	廉洁自律B14	努力学习道德知识，坚定理想信念C141
		公私分明，洁身自好，不为利益所驱使，保守秘密C142
		树立正确的人生观和价值观C143
业务管理水平指标A2	业务能力B21	学习会计专业理论知识，自觉参加会计继续教育C211
		学习会计系统操作技能，努力钻研会计业务C212
		文明办公，提升服务意识C213
	工作业绩B22	高质、高效地完成工作任务C221
		创新工作方法C222
	管理能力B23	熟悉服务对象的经营模式和业务流程C231
		为服务对象提出合理化建议C232

（一）会计人员职业道德评价指标权重的设置

1.构建判断矩阵

会计人员的职业道德评价指标确定以后，采用专家打分法，按照"1—9"标度对相同层次各元素重要性程度赋值，现以分类指标层为例，构建出两两比较的权重判断矩阵F_{B1}，F_{B2}。

$$F_{B1}=\begin{pmatrix} 1 & 2 & 3 & 4 \\ 1/2 & 1 & 2 & 3 \\ 1/3 & 1/2 & 1 & 2 \\ 1/4 & 1/3 & 1/2 & 1 \end{pmatrix} \qquad F_{B2}=\begin{pmatrix} 1 & 2 & 3 \\ 1/2 & 1 & 2 \\ 1/3 & 1/2 & 1 \end{pmatrix}$$

2.重要性排序及一致性检验

对上述构建的判断矩阵F_{B1}，F_{B2}，计算出一个评价指标间相对重要性的排序。通过判断矩阵求解出特征向量，同时对特征向量进行一致性检验，若通过检验，可确定为指标权重（W）。其具体步骤如下：

第一，对判断矩阵每列做归一化处理；

第二，将归一化处理后的每行相加求和；

第三，对向量进行归一化处理，计算出判断矩阵的特征向量（W）；

第四，计算判断矩阵的最大特征值λ_{max}；

第五，对判断矩阵进行一致性检验。首先，计算一致性指标CI。其次，将CI与平均随机一致性指标RI进行比较，计算出随机一致性比率CR。当CR<0.1，认为构建的判断矩阵具有良好的一致性，否则，需要对判断矩阵进行调整。

按照以上步骤，求解出判断矩阵F_{B1}，F_{B2}的特征向量

W_{B1}=（0.4658，0.2771，0.1611，0.0960）

W_{B2}=（0.5390，0.2972，0.1638）

对判断矩阵F_{B1}，F_{B2}进行一致性检验，$CR_{B1}=0.0116<0.1$，$CR_{B2}=0.0089$ <0.1，即一致性检验通过。

同理，可计算出各指标相对应的指标权重与相对总目标权重，最后汇总如表4-2：

表4-2 会计人员职业道德评价各指标权重

综合评价指标	单层权重	分类评价指标	单层权重	单项评价指标	单层权重	总层权重
A1	0.60	B11	0.4685	C111	0.5390	0.1506
				C112	0.2972	0.0831
				C113	0.1638	0.0458
		B12	0.2771	C121	0.4000	0.0665
				C122	0.4000	0.0665
				C123	0.2000	0.0333
		B13	0.1611	C131	0.5247	0.0507
				C132	0.3338	0.0323
				C133	0.1415	0.0137
		B14	0.0960	C141	0.4905	0.0282
				C142	0.3119	0.0180
				C143	0.1976	0.0114
A2	0.40	B21	0.5390	C211	0.4000	0.0862
				C212	0.4000	0.0862
				C213	0.2000	0.0431
		B22	0.2972	C221	0.6667	0.0793
				C222	0.333	0.0396
		B23	0.1638	C231	0.5000	0.0328
				C232	0.5000	0.0328

（二）会计人员职业道德评价指标量化分级

参考相关研究成果及文献，可以将会计人员职业道德评价指标按"优""良""中""差"四个级别进行量化分级，量化总分采用百分制，分值分配表如表4-3：

表4-3　评价指标体系量化分级

评价指标级别	优（A）	良（B）	中（C）	差（D）
百分制	[100, 90]	(90, 80]	(80, 60]	(60, 0]

优：为评价指标体系的最高级别，表现为会计人员思想道德行为水平、业务管理水平这两方面均表现突出。

良：为评价标准的次级别。表现为会计人员思想道德行为水平、业务管理水平这两方面表现较好。

中：为评价标准的第三级别。表现为会计人员思想道德行为水平、业务管理水平这两方面表现基本符合要求。

差：为评价指标体系指标量化的最低级别。表现为会计人思想道德行为水平、业务管理水平这两方面表现某一方面或两方面均不符合要求。

（三）会计人员职业道德评价的案例分析

李某，性别女，36岁，会计专业本科毕业生，现在某高校担任会计主管。李某自从本科毕业就一直从事会计工作，现已工作13年，已取得中级会计师职称。以下结合李某的案例，首先建立包含自我评价、内部评价和外部评价相结合的综合评价标准，然后根据调查数据分析出各个评价主体的占比，同时结合专家打分法为不同评价主体的权重赋值，最后根据建立的综合评价标准计算出李某的综合评分，如表4-4所示：

表4-4　李某职业道德综合评价表

综合评价指标	分类评价指标	单项评价指标	总层权重①	自我评价 会计本人②	内部评价 领导③	同事④	外部评价 政府部门⑤	中介机构⑥	客户⑦
A1（0.60）	B11（0.4658）	C111（0.5390）	0.1506	91	89	90	89	88	90
		C112（0.2972）	0.0831	90	89	89	86	87	88
		C113（0.1638）	0.0458	90	87	88	87	87	89
	B12（0.2771）	C121（0.4000）	0.0665	89	86	87	87	85	88
		C122（0.4000）	0.0665	88	88	89	86	87	89
		C123（0.2000）	0.0333	86	85	86	86	85	85
	B13（0.1611）	C131（0.5247）	0.0507	91	90	90	88	89	90
		C132（0.3338）	0.323	85	84	86	84	83	84
		C133（0.1415）	0.0137	90	88	90	88	87	90
	B14（0.0960）	C141（0.4905）	0.0282	87	86	88	86	85	87
		C142（0.3119）	0.0180	88	88	87	87	86	87
		C143（0.4000）	0.0114	88	86	88	87	85	86

续表

| 综合评价指标 | 分类评价指标 | 单项评价指标 | 总层权重① | 自我评价 | 内部评价 | | 外部评价 | | |
				会计本人②	领导③	同事④	政府部门⑤	中介机构⑥	客户⑦
A2（0.40）	B21（0.5390）	C211（0.4000）	0.0862	88	89	90	88	89	88
		C212（0.4000）	0.862	91	87	89	87	88	89
		C213（0.2000）	0.0431	92	90	90	89	90	91
	B22（0.2972）	C221（0.6667）	0.0793	92	90	89	90	91	90
		C222（0.3333）	0.0396	87	85	86	85	84	85
	B23（0.1638）	C231（0.5000）	0.0328	88	87	90	87	89	88
		C232（0.5000）	0.0328	85	83	84	82	83	84

自我评价得分：①×②=89.37

内部评价得分：①×③+①×④=87.78+88.64

外部评价得分：①×⑤+①×⑥+①×⑦=87.23+87.35+88.37

会计人员职业道德评价的主体众多，各评价主体所占比例关系到评价结果的公平性与合理性，根据调查，分析结果如表4-5：

表4-5　会计人员职业道德各评价主体比重表

选项	回答人次数	所占比例
会计本人（自我评价）	229	20.25%
部门领导（内部评价）	245	21.67%
部门同事（内部评价）	218	19.27%

续表

选项	回答人次数	所占比例
政府部门（外部评价）	162	14.32%
中介机构（外部评价）	206	18.21%
客户（外部评价）	71	6.28%

　　选择内部评价的占比为40.94%，说明会计人员对内部评价是非常认可的；选择自我评价的占比为20.25%，说明会计人员在职业道德评价活动中的主体意识较强；选择外部评价的占比为38.81%，说明外部评价是会计人员职业道德评价的重要方式。

　　结合专家打分法，按照"1—9"标度对不同评价主体的权重赋值，最终得出会计人员职业道德评价主体的权重赋值表，如表4-6所示：

表4-6　会计人员职业道德评价主体的权重赋值一览表

评价主体	权重	备注
会计本人	0.25	自我评价
部门领导	0.22	内部评价
部门同事	0.18	内部评价
政府部门	0.12	外部评价
中介机构	0.16	外部评价
客户	0.07	外部评价

　　运用上述评价标准，李某的最终得分为：

　　$89.37 \times 0.25 + 87.78 \times 0.22 + 88.64 \times 0.18 + 87.23 \times 0.12 + 87.35 \times 0.16 + 88.37 \times 0.07 = 88.23$

　　按照上述评价模型和评价指标的分级标准，李某的得分为88.23分，应评为B级，职业道德水平良好。

第二节 新形势下会计人员的行为规范 与行为控制

一、会计人员行为规范与控制

会计人员行为规范是指通过对会计人员行为的约束和限制，抑制其不良动机，从而控制可能出现的操纵行为。会计机构和会计人员行为规范表现在"该为"和"不得为"两方面，以及对"该为不为、不得为而为之"应追究的责任。

（一）"该为"的事项

根据《中华人民共和国会计法》的要求和高校财务管理实践，"该为"的事项可归纳为以下几方面。

（1）进行会计核算。包括款项和有价证券的收付；财物的收发、增减和使用；债权债务的发生和结算；资本、基金的增减；收入、支出、费用、成本的计算；财务成果的计算和处理等经济业务事项。

（2）会计凭证、会计账簿、财务会计报告等会计资料必须符合国家统一的会计制度的规定。

（3）高校发生的各项经济业务事项，应当在依法设置的会计账簿上进行统一登记、核算。

（4）定期核对账款。

（5）特殊情况说明。高校采用的会计处理方法，前后各期应当一致，不得随意变更。确有必要变更的，应当按照国家统一的会计制度的规定变更，并将变更的原因、情况及影响在财务会计报告中加以说明。

（6）建立会计档案。

（7）依法管理。

（8）如实提供资料。

（二）"不得为"的事项

根据《中华人民共和国会计法》的要求和高校财务工作实践，"不得为"的事项可归纳为以下几方面。

（1）不得弄虚作假。

（2）不得伪造变造。

（3）不得私设账簿。

（4）不得授意指使。

（5）不得泄露检举人信息。

（6）不得非法要求。

（7）不得拒绝、隐匿、谎报。

二、会计人员培养目标

针对大数据时代下会计人才培养中存在的问题，我国高校及专业培养机构应探索全新会计人才培养模式，培养符合新时代需求的会计人才。

王开田[①]曾提出培养会计人才的"三商"，除了智商与情商外，还有会计灵商（会计灵动性与会计创造力等），这为后续研究奠定了坚实基础。近

---

① 王开田.高素质会计人才培养模式的探索和实践——以"三商、五能、七识"为视角［J］.会计之友，2018（5）：2-6.

年来，随着国家对高校"三全育人"战略目标的提出、"课程思政"新型教育模式的出现、大数据时代对会计人才新的能力和素质需求，使得会计心商、会计财商和会计德商显得尤为重要，传统的实现会计智商、情商、逆商的终极目标已经不能满足社会需求。若要培养出适应大数据时代的会计人才，需要首先将大数据融入"知识、素质、能力、三观"四位一体的创新性培养目标，最终实现培养会计智商、会计情商、会计逆商、会计心商、会计财商、会计德商的"六商"终极目标（具体培养路径如表4-7所示）。

表4-7　大数据时代下会计人才培养的创新目标

高级目标	人生观、价值观、世界观					
	会计智商、会计情商、会计逆商、会计心商、会计财商、会计德商					
中级目标	身心素质、诚实守信、熟悉财经法规、遵纪守法、会计服务、保守秘密					
	专业能力、大数据信息技术能力、沟通能力、创新能力、领导组织能力、职业适应能力					
初级目标	综合知识（融合大数据）					
	通识教育	学科教育	专业教育	社团竞赛	实践环节	网络实践
	公共基础课及选修课	学科基础平台课	专业核心课 大数据技术课 融合大数据专业课	社团活动 专业学科竞赛 融合大数据的学科竞赛	社会实践 集中实践	网络会计实践平台 大数据会计信息平台
	第一课堂			第二课堂	第三课堂	第四课堂

围绕"知识、素质、能力、三观"制定具体培养目标，通过对培养目标进行内外部的合理性评价（具体评价流程如图4-1所示）来确定最终的会计人才培养目标，进而根据培养目标确定毕业要求，根据毕业要求再确定课程体系，进行环环相扣的具体设置与操作。只有保证最初的会计人才培养目标的科学合理性，才能保证满足毕业的要求、课程设置的科学性。

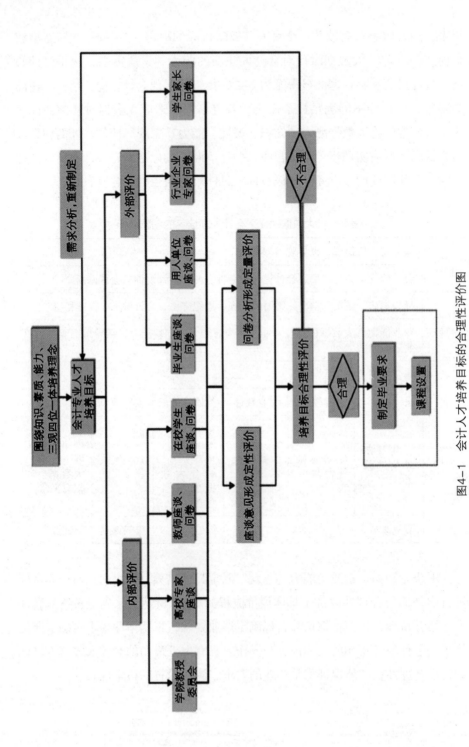

图4-1 会计人才培养目标的合理性评价图

三、会计人员行为管理案例

（一）不相容岗位未分离

1.案例描述

2019年6月，上级主管部门组织开展省属高校财务检查。检查组在对某高校2018年学生收费相关凭证进行检查时发现，存在多笔记账凭证金额与原始票据金额不一致的情况，且都是记账凭证金额小于原始票据金额。检查组成员向该校财务负责人与收费科科长张某询问相关情况，张某对检查组人员的询问一直含糊其词，对记账凭证金额为什么会小于原始票据金额始终无法给出正面回答，这让检查组人员产生了怀疑，于是对张某进行了重点询问，张某见事情已经无法再隐瞒下去，只好道出实情。

该校由于财务人员较少，没有严格按照不相容岗位相分离的要求安排收费管理工作人员，本应由多人负责的工作均由张某一人完成，不仅负责收费系统的初始化工作，日常的零星收费、开票也由张某一人全程办理，每日收费完成后，汇总当日收款情况交审核人员审核。张某在接手收费工作的第一年比较认真负责地完成了该项工作，但他后来发现，审核人员基本不核对汇总表上的金额与票据金额是否一致，特别在收费票据很多的情况下，只是根据收款汇总表和银行进账单编制凭证，张某便将学生以现金方式缴纳的部分款项据为己有。从刚开始的心惊胆战到后来觉得没人会发现时的变本加厉，合计贪污45.6万元。事发后，该校要求张某退赔了贪污款项，并遵照相关规定对有关人员进行处理。

2.案例剖析

本案例中，张某的行为暴露了该校在会计基础工作中存在的问题，违反了《中华人民共和国会计法》第十四条、《会计基础工作规范》（财会字〔1996〕19号）第十二条、《行政事业单位内部控制规范（试行）》（财会〔2012〕21号）第二十七条等相关法规规定。

本案例中，该校在会计基础工作规范和内部控制方面存在以下诸多问题。

（1）会计基础工作不规范

该校安排张某负责学生收费的全部工作，不仅负责收费系统的初始化，收款和开票也全部由张某一人办理，违反了"不相容岗位相分离"的原则，违反了"行政事业性收费实行票款分离的管理制度"的相关规定，也不符合内部控制规范的相关规定。该问题的发生暴露了一些高校对会计基础工作规范化建设重视不够，特别是在财务业务工作大量增加的情况下，未能配备足够的财务人员，也未按照不相容岗位的要求配置财务人员。

（2）个别财会人员职业道德缺失

财务人员张某缺乏应有的职业道德，放松了对自己的职业要求，利用财务管理的漏洞为自己谋取私利。审核、制单人员责任心不强，贪图方便简单，对待工作敷衍了事，未仔细核对张某提供的收款汇总表金额与原始票据金额是否一致，仅根据收款汇总表制单入账，只是完成了简单的"制单"工作，并没有履行审核人员应有的"审核"职责。未发挥财会人员对原始凭证应有的审核和监督作用，未能及时发现和制止张某的贪污行为，使张某能够屡屡得逞。票据管理人员在张某缴销收费票据时也未将开具票据的金额与财务入账金额进行认真核对。审核人员和票据管理人员的"不作为"让该校的财务内部控制形同虚设，也给张某的违法行为提供了可乘之机，给学校造成了一定的经济损失。

（3）财务内部监管不力

在本案例中，如果该校财务审核制单人员能够认真审核原始凭证，票据管理人员在缴销票据时能认真核对开具票据金额与财务入账金额，或者是学校内部审计部门能发挥其应有的监督作用，使内部控制制度真正落到实处，那么张某的不法行为也就无法得逞。

3.改进建议

为规避上述违规行为的发生，进一步规范会计基础工作，高校应按照不相容职务相分离的原则，科学设置会计岗位，建立健全财务制度并严格执行，做好以下几方面工作。

（1）全面提高会计基础工作规范化水平

会计基础工作是否规范有序，直接影响会计工作水平及会计信息质量，最终影响领导决策及学校事业发展。高校领导要充分认识到会计基础工作的重要性，意识到会计基础工作薄弱会给高校财务工作带来的潜在风险，要按照精干、高效的原则，根据会计业务需要设置会计机构，足额配置合格的会计人员，确保《中华人民共和国会计法》规定的不相容岗位相互分离、相互制约。

（2）切实加强学费收入管理

高等教育改革的不断深化以及教育成本分担机制的逐步实施让学费收入成为高校经费的重要来源。高校必须加强收费工作内部控制，制定和实施必要的制度、程序和措施，加强日常防范工作，及时发现和纠正错误与舞弊行为，保证收费工作合规合法和程序规范有序，保证收费管理活动有效进行和资金安全完整。根据《中华人民共和国会计法》不相容岗位相分离的原则，学生收费工作应设置系统管理员、操作员、审核员及收款员四个不相容的岗位。

（3）强化会计审核监督工作

针对会计基础工作规范执行的薄弱问题，高校会计审核监督尤为重要。要及时修订、补充和完善各项财务规章制度，进一步明确财会人员的职责权限，并相互分离、相互制约。加强制度执行力，完善各单位的财务管理工作。通过有效的会计监督，加强财务治理，增强会计基础工作规范执行的严肃性和准确性，将过去的事后检查监督转变为事前、事中及事后全过程的控制。

（二）票据管理不规范

1.案例描述

受上级主管部门委托，会计师事务所在对某高校2013年预算执行情况和财务决算审计中，发现某高校发生下列票据使用不规范的经济业务。

（1）2013年9月5日，收到本市教育局青年教师培养培训费60万元，该校开具"江苏省行政事业单位资金往来结算票据"，经济内容为"青年教师培养会务费"，会计账务处理上作为代管款项，用于学校青年教师培训相关的课时费、劳务费等支出。

（2）2013年10月6日，收取学生全国计算机等级考试报名费53万元，开具"江苏省行政事业单位资金往来结算票据"，直接用于考试各项支出。

（3）2013年11月8日，收到外国语学院全国英语四、六级考试考前辅导费13万元，开具"江苏省行政事业单位收费收据"。

2.案例剖析

本案例中，该校未按规定用途使用票据，存在着财政票据和税务发票混用和滥用现象，违反了《中华人民共和国发票管理办法》（国务院令第587号）第十九条、《事业单位财务规则》（财政部令第68号）第十一条、《高等学校财务制度》（财教〔2012〕488号）第二十一条、《关于进一步加强行政事业单位资金往来结算票据使用管理的通知》（财综〔2013〕57号）第三条规定。

本案例中，该校因票据使用不规范，造成的后果是：①直接导致高校少记事业收入，反映收入信息不真实、不完整；②漏缴税款，给学校带来税务风险；③隐瞒、截留和坐支应上缴财政非税收入，逃避财政监督，容易产生"小金库"现象；④会计核算不规范，通过往来账户核算收支，相应减少学校收支总额。

高校违反票据管理相关规定，出现票据的混用、串用、滥用等现象，究其原因，可归纳为以下三个方面。

（1）票据管理意识淡薄导致票据使用和收费核算不规范

部分高校出现票据混用、串用、滥用、遗失、虚假财务信息等问题。本案例中，该校收到的市教育局青年教师培养培训费60万元以及收到外国语学院全国英语四、六级考试考前辅导费13万元，属于学校对外服务经营性收入，分别开具了江苏省行政事业单位资金往来结算票据和江苏省行政事业单位收费收据，票据使用与会计核算均不规范。该校收到的计算机等级考试报名费属于非税收入，开具江苏省行政事业单位资金往来结算票据，并直接用于考试各项支出，不仅票据使用不规范，而且坐收坐支。

（2）票据管理及使用人员业务素质不高

一些高校票据管理人员对票据管理、税收等相关专业知识、政策和规定了解甚少，工作中容易出现混用、串用票据，随意更改开票项目、开票日期、开票金额，随意转借票据等情况，尤其是个别票据使用人员开具"阴阳票"，从而造成不良的后果。部分财会人员缺乏相关的专业知识，对收入的性质存在模糊认识，不能正确判断非税收入和经营性收入。在实际工作中，有些财会人员无法准确区分不同性质、不同门类的收入，致使具体开具票据时出现错误。另外，由于财会人员税务知识缺乏，不能很好地利用国家的税收优惠政策为学校服务。

（3）高校票据管理方式落后

目前，一些高校的收费票据管理仍然采用传统的手工记录方式，即票据的购入、领用、缴销、信息汇总等都由票据管理人员手工逐项填写。手工开票主观性强、随意性大，容易出现违规开具票据现象，而且难以及时发现和纠正收费票据使用过程中的违规行为。很多高校在会计核算、预算管理、财务决算等方面已基本实现信息化，而收费票据管理没有全部纳入信息化，采用这种相对落后的票据管理方式，其结果是工作强度大，工作效率低，准确率不高，出错在所难免，难以适应现代财务管理的理念，更不符合当今高校财务管理信息化发展的要求。

3.改进建议

本案例中，该校收到的该市教育局青年教师培养培训费60万元以及外国语学院全国英语四、六级考试考前辅导费13万元，均属于学校对外服务经营性收入，应及时确认收入，开具税务发票。该校收到的计算机等级考试报名费53万元属于非税收入，应开具行政事业单位收费收据，及时足额上缴财政专户。

为了加强高校收费票据管理，规范各类票据使用行为，应做好以下工作。

（1）增强票据管理意识和责任

高校领导应高度重视收费票据管理，增强严格执行财经法规意识和规范使用票据的责任意识，明确高校负责人对收费票据的真实性、合法性的管理职责。收费票据管理工作量大、涉及面广、政策性强，高校分管领导、财务部门负责人、票据管理人员要高度重视，增强责任，规范使用。只有建立和完善票据管理责任制，才能更好地维护财经纪律，使收费票据管理规范化、制度化。

（2）提高财会人员业务素质

财会人员业务素质和职业道德水平是票据管理工作的基本保证。财会人员要认真学习国家及上级主管部门制定的有关票据管理、收费管理及税收知识等财经法规，强化对票据管理工作的责任意识。

（3）实现票据管理手段的信息化

研发和应用先进的票据管理信息系统，将手工操作的票据入库编号、申请领用、回收登记、查询汇总、统计信息、跟踪监督等票据管理工作全部纳入财政票据管理信息系统，真正实现票据管理手段的信息化。在财政票据管理信息系统中设定已批准的收费项目和收费标准，有效避免随意开具收费项目的现象。

（三）擅自变更收款单位

1.案例描述

2019年3月，某高校在新诚公司购买了一台价值30万元的专用设备，新诚公司于4月1日将设备运送至该校并调试至可运行状态。根据合同约定，该校应在设备调试成功后1个月内付清全部货款。直至9月5日新诚公司尚未收到设备款，于是致电该校财务处询问付款情况。该校财务人员查询账务系统和银行付款信息后告知新诚公司，该笔款项已于5月12日付款成功，但新诚公司坚称并未收到该笔款项。后经该校财务人员查阅所附原始凭证发现，购买合同上提供的收款单位银行账号系新诚公司在交行鼓楼支行的对公银行账号，但是实际收款单位却是通达公司，合同后还附有公司业务经办人张某提供的变更收款单位银行账号说明，即通达公司为新诚公司的材料供应商，新诚公司尚欠通达公司款项未偿还，同意将该笔30万元设备款直接支付给通达公司。但该校付款所附说明只有经办人张某的签字，并无新诚公司授权书。该校财务处随即找来经办人张某和财务处经办人员李某核实相关情况。李某解释说，当时张某以紧急付款为由让李某先制单付款，新诚公司的委托付款授权书随后补给财务处。李某考虑到张某经常到财务处办理业务，比较熟悉，于是在手续不完备的情况下就先制单并通知银行出纳支付给通达公司，直到新诚公司打电话询问付款事宜，通达公司也未送达委托付款授权书。

　　事发后，在警方的介入下，张某交代了自己因为赌博欠下了大笔赌债无力偿还，恰好此时项目负责人让自己到学校财务处办理新诚公司的设备付款相关事宜，于是就打起了该笔款项的主意。张某到该校财务处找到了平时关系不错的李某，而后将款项转到了自己朋友经营的通达公司。随后，张某还向警方交代自己为了能够获得更多的资金用于赌博，同年7月底以高利贷的形式向学工处招生办主任陈某借了25万元，该资金并不是陈某的个人财产，而是学校在暑假期间收取的招生点招费用。陈某本想开学后交给学校财务处，利用时间差获取额外利息收入。陈某对该事实供认不讳。

2.案例剖析

　　该高校财务人员和具体经办人的做法违反了以下规定。

　　《中华人民共和国会计法》第十三条、第十四条，《会计基础工作规范》第七十五条，《中华人民共和国合同法》第七十七条，国务院办公厅转发财政部、审计署、中国人民银行《关于清理检查"小金库"意见》的通知（国办发〔1995〕29号），《中华人民共和国商业银行法》第四十八条第二款，《现金管理暂行条例实施细则》第十二条规定。

　　在本案例中，该校出现多种违规行为：①经办人张某捏造虚假的原始凭证将本应付给设备供应商的款项据为己有；②财务经办人员李某在张某提供的原始凭证（变更合同收款单位）手续并不完备的情况下即审核制单，没有发挥会计人员应有的审核和监督作用；③招生办主任陈某利用职务便利将点招收入款项暂缓交至学校财务处用于谋取私利，属于公款私存行为。该校之所以出现以上多种违规行为，究其原因，主要有以下几方面。

　　（1）财务人员未履行应有的审核职能

　　该校财务人员李某责任心不强，没有发挥好财务人员对于原始凭证应有的审核和监督作用，在明知变更收款单位信息需要有收款单位出具委托付款授权书而业务经办人张某又没有提供授权书、报销手续不完备的情况下仍然为其办理业务，给学校带来了一定的经济损失和财务风险。

　　（2）业务经办人员法律意识淡薄

　　招生办主任陈某没有意识到公款私存行为的严重性，认为自己只不过是暂时借出一两个月，不会给学校造成多大的损失和影响，殊不知该行为已经触犯了国家法律法规。张某和陈某出于对个人不正当利益的需求，将单位资金据为己有，反映出该校法律法规宣传教育缺位。

（3）检查监督不力给不法行为以可乘之机

该校之所以出现以上多种违规行为，其根本原因在于学校内部控制制度不健全，会计基础工作薄弱。如果银行出纳在付款时能够发现张某在变更收款单位一事上提供的手续不完备而拒绝付款，或者该校大额资金支付审批能真正发挥作用，则可以有效地制止张某的不法行为。

3.改进建议

针对上述一系列违规行为，可参考如下建议：

（1）增强职工财经法规意识

高校应充分利用网络、报纸等各种渠道，加强财经法规政策宣传，让广大教职工充分认识到私设"小金库"、公款私存等不法行为的严重性，增强教职工的法制意识和自律意识，防微杜渐，确保财务收支活动的合法、合规。

（2）提升会计人员职业道德素养

学校领导应充分认识到会计基础工作规范的重要性，加强会计人员职业道德教育，提升会计人员职业素养，使财务人员能够真正发挥其应有的审核和监督作用。

（3）加强内控制度建设，强化会计审核监督

高校要切实加强内部控制制度建设，完善财务工作流程，强化内部监督。财务人员对于手续不完备的原始凭证，应予以退回，要求经办人员予以更正、补充。通过有效的会计监督，达到加强财务治理、增强会计基础工作规范执行的严肃性和准确性，防止和减少舞弊行为的发生，保证会计资料的真实、合法和完整。

第三节　新形势下会计人员职业风险管理

一、会计人员的职业风险

高校会计人员职业风险分为会计人员内在风险和来自外部环境的外在风险。内在风险主要是由于会计人员的专业水平、政策水平等个人素质而产生的风险；外在风险是社会大环境以及高校小环境对会计人员的影响而产生的风险（表4-8）。

表4-8　会计人员职业风险分类

内在风险	经济风险：由于疏忽大意或业务不精、水平有限等技术问题，发生业务差错，导致经济损失，从而给个人和单位造成经济风险。
	法律风险：由于不熟悉国家财经法律法规，只凭感觉或听从他人指挥做事，因盲目而发生违法违规行为，造成法律风险；或者由于会计人员受利益驱动，丧失了职业道德，做出主动做假账等违法行为，造成法律风险。
外在风险	违意风险：是指会计人员未按指使人或授意人的意图做出违反法律法规的会计事项，从而可能带来被打击报复的风险。
	违法风险：是指会计人员被指使或被强迫，按照指使人的要求做出违法违规的会计事项，从而可能带来被追究刑事责任的风险。

二、会计人员的风险保护

会计人员的内在风险可以通过个人努力，逐步精通业务和掌握经济政策来化解，通过职业道德教育和法律制裁来规范。外在风险来自环境和他人，除需要改善环境外，社会也应给予应有的风险保护。

（1）完善会计法规。必须完善相应的会计法律，减轻会计人员的法律责任，加重与权力相当的其他人员的经济法律责任。在这方面新会计法已经做出修改，将单位负责人列为会计工作和会计资料真实性、完整性的责任人，为会计人员规避外在风险提供了最有力的保护。同时要让违法者为违法付出更大的代价，而不是让会计人员承受更大的风险，以减少违法行为的发生，从而降低会计职业风险。

（2）改善会计执法环境。由于会计依法办事的执法环境不完善，执法困难，承受的压力和风险大，因此需要各方面共同努力，改善执法环境，在搞好服务的同时保护会计人员依法办事的权利。

（3）完善经济责任制。实行经济责任制，建立和完善校、院、系三级领导经济责任制，开展经济责任监督，降低会计风险，普及财经法律法规。

（4）会计人员应加强学习和提高素质。加强学习、提高自身素质是会计人员规避内在风险的最有效的办法。

第五章　高校财务内部控制系统构建

财务信息化、现代化的实现，既是财务管理模式的创新，更是高校整个管理方式的大跨越。关于高校财务内部控制问题的研究，利于管理人员在及时发现问题、分析问题的过程中，建立具有前瞻性、科学性的管理思想与管理手段。因此，相关人员需对高校财务内部控制的核心要素进行全面的了解。以此为切入点，对财务内部控制问题进行具体、深入分析，形成更加可靠、可操作的解决对策，促使高校财务管理效能获得大幅提升，令高校在充足资金、充沛人才的支撑下，迈入新的发展阶段。

第一节 高校财务内部控制概述

一、内部控制

内部控制的思想产生于18世纪产业革命之后，是企业大规模化和资本大众化的结果。随着企业外部竞争的加剧，规模日益庞大的企业为了对内加强管理，对外满足社会需要而不断发展内部控制，内部控制理论研究的内容也不断丰富和发展起来。

美国COSO委员会（全美反舞弊性财务报告委员会发起组织）从20世纪80年代就开始致力于内部控制研究，将内部控制定义为：受企业董事会、管理当局和其他职员的影响，目的在于取得经营效果和效率、财务报告的可靠性、遵循适当的法规等而提供合理保证的一种过程。1992年发布了内部控制整合框架（Internal Control-integrated Framework），它已经被世界上许多企业所采用，极大地推动了内部控制的发展。在此基础上，COSO委员会于2004年9月正式发布了企业风险管理框架（Enterprise Risk Management Framework），代表了国际社会在企业风险管理方面的最新成果和趋势，对会计、审计、内部控制等领域产生重大影响。企业风险管理框架在内部控制框架的基础上，把风险偏好和风险容忍度考虑了进去，并且提出了在企业风险评估时应使用风险组合观。企业风险管理包括四个目标、八大要素、四个层面，如图5-1、图5-2所示：

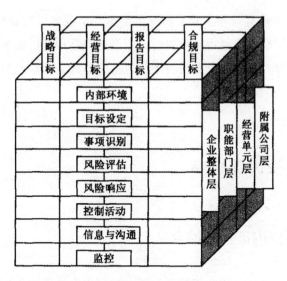

图5-1 企业风险管理框架图

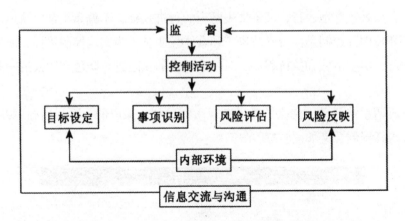

图5-2 COSO"八要素"下的内部控制构架

至今，内部控制的发展经过了四个阶段：20世纪40年代前的内部牵制，是内部控制的萌芽期；20世纪40年代末至70年代的内部控制制度，是内部控制的发展期；20世纪80年代至90年代的内部控制结构，是内部控制的过渡期；20世纪90年代以后进入内部控制的完善期，即内部控制整体框架阶段。

目前，内部控制理论的研究已取得了长足的发展，新的企业内部控制体系也逐步形成，但是将新的理论成果应用于高校内部控制研究还比较少。近

年来，我国高等教育管理事业发展异常迅速，呈现多样化和复杂化的趋势。原有的内部控制制度已显得陈旧过时，不能适应新形势的需要，如何结合最新理论成果，建立一套适合高校发展并且行之有效的内部控制制度已成为目前高校急需解决的问题。

二、高校内部控制

（一）高校内部控制的含义

控制，顾名思义，就是驾驭、掌握、支配之意，从现代管理学的角度来说即要求被控对象不超出一定的范制和界限。控制就是要求被控对象既有条不紊和高效正常地运行，又不失去既定的行进目标，不偏离正常的轨道。[①]

高校内部控制是高校党政班子和全体教职员工为实现控制目标，通过制定制度、实施措施和执行程序，对经济活动的风险进行防范和管控的一系列活动。

所谓系统活动，是高校为了实现内部控制而采取的一系列措施、办法。高校内部控制含义如图5-3所示。

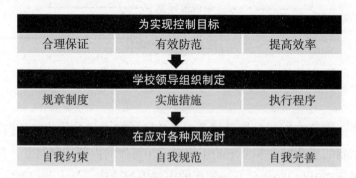

图5-3　图解高校内部控制的定义

---

① 贺志东.企业内部控制实务[M].北京：电子工业出版社，2015：2.

在高校中，理想的内部控制系统应当是控制环境、风险评估、控制活动、信息与沟通和内部监督五个要素相互作用，形成一个没有空隙又不间断的闭环（图5-4）。

图5-4　高校内部控制要素

根据高校经济活动和会计工作的实际，应主要针对资金预算、货币资金、工程项目、采购与付款、教育服务与收费、办学费用等方面加强管理和控制（表5-1）。

表5-1　高校内部控制的主要方面

项目	内容
货币资金管理内控制度	为了保证货币资金安全而设计的货币资金管理的内控制度，如货币资金、收支预算、报销制度、现金管理制度、银行存款管理制度等。
资产保全控制	为了确保高校财产物资安全、完整所采用的各种方法和措施。要求高校限制未经授权的人员对财产的直接接触，采取定期盘点、财产记录、账实核对、财产保险等措施，对于存货、固定资产等财产物资，必须实施财产安全控制，确保各种资产的安全完整。
应收、应付款项管理控制	对于应收、应付账款，应采取有力的措施进行分析、控制，及时发现问题，采取对策。这些措施主要包括:追踪分析、账龄分析、收现率分析和坏账准备制度等。
事业收入内部控制	按照有关政策、法律、法规和制度规定，对收取的各种收入进行控制。

续表

项目	内容
费用支出控制	在业务活动过程中，对教育成本和费用的控制，并必须按一定的程序记入会计系统。
业务记录控制	在经济业务进行会计账务记录时必须采取一系列的措施和方法，以保证会计记录的真实、及时和正确。业务记录控制的基本目的，是要确保会计信息的可靠，因此，业务记录控制也称为可靠性控制。
会计记录控制	要求保证会计信息及时、完整、准确、合法。要遵照会计制度要求，明确会计人员岗位责任制，对会计人员进行科学分工，使之相互分离和制约；对会计凭证进行编号，防止经济业务的遗漏、重复，根据编号的凭证看是否缺号，揭示某些弊端和问题；记账方式采取复式记账，设置科学的凭证传递程序，每一笔业务不仅要记入总账，而且要记入相关的明细账，实行平行登记。这种方式要求对每种经济业务的处理程序和手续制定出标准化模式，形成各环节之间步步核查、环环监督的格局，以便及时发现差错和弊端，加以处理。

（二）高校内部控制的分类

1.按控制源头分内部控制和外部控制

内部控制是来自高校自身的控制。设置内部控制是高校的自我管理行为，完全属于组织内部的事情。尽管建立健全内部控制是迫于外部的压力，如受制于国家法规对单位建章立制和规范管理的要求，迫于增强自身竞争能力以应对市场变化的要求，但归根到底是自身规范核算和规范管理的要求，是高校本身追求经济利益和社会效益的需求，是高校持续健康发展的要求。

外部控制是来自高校外部的控制，是高校接受外部的政策、法规约束，是一种被动接受行为。如高校接受巡视组的巡视检查，校长离任经济责任审计，高校国有资产处置需要报请主管部门或财政部门审核批准，学校专业设置和招生指标上报主管部门审核报批等。

2.按控制功能分准入式控制和查对式控制

准入式控制是指为防止错误和非法行为发生，或尽量减少其发生机会所进行的一种控制，它能"一开始就阻止错误发生"。例如，高校内明文规定，不是文印员不能进入文印室，这就阻止了文印员之外的其他人员盗看试卷。不是信息管理员，无权对网页资料进行修改，这就保证了信息资料的真实可靠。

查对式控制是指为了及时查明已经发生的错误和非法行为，或增强发现错误的能力所进行的各种控制。它主要是解决"如何查明错误"的问题。例如，账账核对、账证核对、账表核对、账实核对，通过查对式控制可以发现记账错误和货物短缺等问题。

3.按控制的时间分事前控制、事中控制和事后控制

事前控制是指在行为发生之前所实施的控制。例如，校内使用部门必须对需采购的物品进行市场询价，经过货比三家之后才能申报办理招标采购；建筑设计图纸必须经过多部门人员会审论证之后才能开工建设。事前控制可以起到及早研究发现并及时纠正错误、防患于未然的作用。

事中控制是指在行为发生的整个过程或当中的某一环节所进行的控制。例如：基建过程中，审计人员对某一隐蔽工程进行拍照录像的行为，物资采购招标过程的全程录像录音行为等。事中控制可以留下记录，便于回放，同时还可以增强经办人员的工作责任感。

事后控制是指某一项活动完成之后对其最终结果进行检验所采取的各项控制措施。例如：某项科研课题完成之后，科研管理部门组织专家对科研课题进行验收、评价，看其是否按期结题，研究成果是否达到申报要求，经费使用是否合法合规。

4.按控制的涉及面分单位层面控制和业务层面控制

单位层面控制是指对单位控制目标的实现具有重大影响，与内部环境、风险评估、信息与沟通、内部监督直接相关的控制措施。如依据不相容职务分离的要求，高校在物资采购过程中，招标办公室负责公开设备招标信息并通过公开招标确定物资供应单位，设备处负责办理物资采购，审计处负责招标采购流程手续审核，财务处负责支付采购款和账务登记，四个部门各司其职，管财的部门不管物资采购，招标的部门不直接经办物资采购，财务、审计、设备和招投标部门相互配合、相互牵制。

业务层面控制是指综合运用各种控制手段和方法，针对具体业务和事项的措施，其功能仅限于单位中的具体业务和事项。如会计凭证需要连续编号，每册会计凭证都要编制"科目汇总表"等行为。连续编号，可以预防和发现凭证丢失；每册会计凭证都编制"科目汇总表"可以预防不法分子利用记账作弊。

此外，国内还有专家提出了预防式控制、侦察式控制等多种控制方式，这里不一一列举。

（三）高校财务内部控制的理论基础

19世纪50年代，系统论、控制论和信息论三大理论不断发展并相互影响，在发展进程中互相渗透，互相结合，同时受托经济理论、权力制衡论、分权理论也得到发展，这几种理论被看作内部会计控制理论的基础理论。

1.强调有机整体的系统论

系统论强调用整体的观点和思维来分析所研究的事物，认为一切事物都是在一定的环境条件下，由相互联系、相互依存的各个因素形成的有机整体，并从系统论的角度找到研究对象的解决方案。系统论作为一门科学所提供的新思路和新方法，为人类的思维打开了新思路。1937年，理论生物学家贝塔朗菲提出的一般系统论原理，成为系统论学科的基础理论。贝塔朗菲于1968年出版的《一般系统理论基础、发展和应用》进一步奠定了系统论的理论基础，被认为是系统论的代表作，被学术界广泛认可。贝塔朗菲系统论的核心观点指出，任何系统都是一个有机的整体，系统的整体功能和特点不是要素与要素、要素与系统、系统与环境之间的简单组合及叠加，系统所表现的整体功能和特性是各要素在单独存在状态下所不同的特质，贝塔朗菲系统论用"整体大于部分之和"来强调系统的整体观念，反对要素性能好，整体性能一定好，以局部说明整体的机械论的观点。

从系统论的角度来看，内部控制就是由一系列相互依存、相互影响的要素构成的完整的体系，各单位进行的内部控制建设工作，也是通过统筹协调各要素之间的关系，建立科学、规范、完整、行之有效的内控体系，确保内部控制系统发挥更加积极的作用。

2.强调监督管理的控制论

控制论通过信息的收集、整理及利用，实现对组织系统的结构进行调整的目的。在任何组织中，控制是基于信息的方法，以确保整个系统在高效有序的框架内运作。控制论是以研究机器、生命在社会中控制和通信的一般规律为基础的科学。经过一定时期发展，控制论的研究广度及深度逐渐加大，控制论研究对象和目标从一切事物内部的控制与通信的一般规律逐步演变成为研究众多学科系统的控制、信息交换、反馈调节的交叉学科，具体研究如人类工程学、控制工程学、一般生理学、神经生理学、心理学、数学、逻辑学、社会学等。控制论发展到今天已成为跨学科的科学。

维纳于1948年出版的《控制论：或关于在动物和机器中控制和通信的科学》奠定了控制论的基础，作为一个科学的系统体系，具有主体性是控制的特点。在控制体系中存在两个角色即控制主体和控制对象，在系统中控制主体发出具体操控指令，被控制者按照控制主体发出的指令来执行具体的行为，以此达到控制目标。

3.强调信息共享的信息论

信息论属于应用数学学科范畴，是科学家以数学学科中概率论与数理统计的方法为基础并与通信实践结合总结出来的一门学科，是专门研究信息的有效处理和可靠传输的一般规律的科学。具体研究内容包括信息、通信系统、数据传输、密码学、数据压缩等问题。信息论的核心观点是信息的反馈。客观事物可以反馈出一定信息，我们可以通过一定手段对客观事物折射出的信息进行响应并获取它，我们通过对获取事物的正确信息进行分析研究，判断事物风险发生的可能性，并提前对风险发生的不确定性进行有效干预，达到减少风险发生的可能性，降低组织损失的目的。内部会计控制也正是通过实施过程中信息传输和沟通获取有效信息，对信息进行有效处理后，及时选择有效的控制活动进行控制。信息对内控工作的开展起到关键性作用。在信息论体系中信息与控制密不可分，相辅相成，控制工作的前提是获取有效的信息，而传送获取有效信息是高效完成控制工作的必要条件，信息的管理和活动控制共同完成管理活动。信息论在内控方面的指导意义在于开展内控管理工作时要实现信息共享。

4.强调权责分离的受托经济理论

随着经济的不断发展变化，经济社会分工越来越细化，资本所有者累积逐渐增加，促使企业的所有权和经营权分离，为了更好地提高经济效益，在这种经济背景下受托经济责任理论得以产生。受托经济理论往往在委托人和代理人的经济合同中得以体现，在委托代理的合同关系中，授权人将企业经营管理权交付给受托人进行管理，受托经营管理者必须承担受托责任。对于一个组织体系来说，委托代理关系体现在委托人的经济和财务内容上，同时组织的管理者和组织的执行者之间也形成委托关系，它与内部会计控制密不可分，需要对经济责任情况进行监督和管理。

5.强调分权制约的制衡论

权力制衡分为广义和狭义两个范畴。广义的权力制衡是指在公共政治权力内部或者外部，存在着与权利主体相抗衡的力量，强调的是政治权力制衡，在权利主体发挥作用时行使制衡权限，对权力进行有效的监督和制约，保证公平、有序、高效行使权利，合理保证权力总体平衡和牵制。这些牵制往往来源于个人、群体、机构和组织等，实现社会有序健康发展，保证社会整体目标的实现。权力制衡也属于风险控制机制的范畴，在风险管理控制方面也发挥关键作用。

（四）高校内部控制的特征

同外部控制相比，内部控制具有以下特征。

1.自发性

设置内部控制是高校的自觉管理行为，完全属于高校内部的事情。虽然内部控制活动的产生迫于主管部门和外围竞争的需要，但归根到底是自身规范管理的需要。

2.全面性

在高校里，内部控制对内部所有管理部门和管理环节都进行考核、监督和控制。高校的人、财、物以及教学科研工作的各个方面、各个环节都纳入考核、监督和控制范畴，内部控制覆盖和渗透到高校所有经济活动之中，所有工作都与内部控制相关。

3.长效性

在高校里，内部控制不是阶段性和突击性工作，是一种常态工作，内部控制一经启动，其控制意识、控制功能、控制行为便会渗透到各项具体业务之中，潜移默化地发生作用，并且控制的效力是连续的、长期的。

4.互动性

无论是内部控制中的单位层面控制还是业务层面控制，虽然设置是相互独立的，但其作用的互补性、替代性和制约性都很强，相互之间是互动的。其功能作用往往是殊途同归的。如单位层面的"不相容职务分离"与业务层面的"加强对合同履行的控制"，虽然涉及层面不同，但其减少合同纠纷的功能作用始终是一致的。单位内部控制这种互动性，相互补充，互为作用，有利于实现控制"全覆盖"，避免监督和控制的死角与盲区。

5.关联性

高校的任何控制行为彼此之间都是相互关联的，一种控制行为成功与否总是会影响到另一种控制行为作用的发挥。任何一种控制行为的建立都可能会导致另一种控制行为的加强、减弱或取消。譬如，在高校里，内部审计控制到位，可以促进会计工作规范化管理。同样道理，高校物资采购的招标工作规范了，就可以减轻内部审计对市场价格进行延伸审计的压力。

6.共责性

在高校里，内部控制由学校各个阶层的人员共同实施，上至党委书记，中至各部处和二级学院的负责人，下至教学科研人员和后勤员工，每个人都负有实施内部控制的责任，每个人既是控制的实施者，同时又是内部控制的

接受者，有义务接受内部控制的规范和制约。

7.时效性

随着大环境和外围因素的变化，高校某一时期的某些方法、措施和制度必然会失去原有的控制功能。因此，内部控制不能一成不变，必须保持自我否定、自我修正、自我完善的勇气。

（五）高校内部控制的目标

内部控制目标是保证高校各项管理合法合规、资产安全、财务报告及相关信息真实完整，提高教育资金使用效益，促进高校完善法人治理结构，实现高校发展战略。具体来说，高校内部控制的目标包括：

1.合理保证高校经济活动合法合规

合理保证高校经济活动在法律法规允许的范围内进行，避免违法行为发生，这是高校内部控制最基本的目标。

2.合理保证高校资产安全和使用有效

资产安全是国家、教育主管部门和高校普遍关注的重大问题，是高校可持续发展的物质基础。良好的内部控制，应当为资产安全和有效使用提供扎实的制度保障。

3.有效防范舞弊和预防腐败

高校结合自身所处的特定的内外部环境，通过建立健全有效的内部控制，可有效防范舞弊和预防腐败，促进学校不断提高教学、科研和社会服务能力。

高校内部控制目标如图5-5所示。

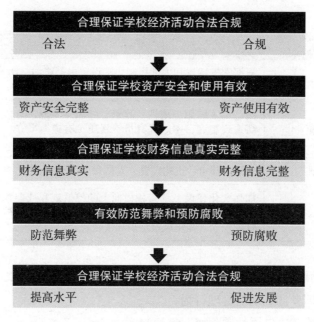

图5-5　高校内部控制目标

（六）高校内部控制常用方法

1.环境氛围控制方法

所谓环境氛围控制，就是指高校的治理结构、机构设置、权责分配、人力资源政策、内部审计机制和大学文化等多项因素汇集在一起对内部控制所带来的影响。控制环境反映组织的各个利益关系主体对内部控制的态度、看法和行为，是高校建立和实施内部控制的基础。

环境氛围控制的具体方法如表5-2所示。

表5-2　环境氛围控制的具体方法

具体方法	大体内容
治理结构	根据国家法律法规，建立高校章程，规范高校治理结构和议事规则，明确党委会、校长办公会、职代会在决策、执行、监督等方面的权限，形成科学有效的职责分工和制衡机制。

续表

具体方法	大体内容
机构设置及权责分配	根据学校特点和内部控制要求设置内部机构，明确职责权力，将权力和责任落实到各责任单位。保证信息畅通、管理高效。
人力资源政策	制订员工聘用、培训、辞退、辞职、薪酬、考核、晋升与奖罚系列制度，不断提升员工素质（有道德操守、胜任岗位工作）。
内部审计机制	保证内部审计机构设置、人员和工作的独立性。
高校文化	加强文化建设，培育积极向上的价值观和社会责任感，倡导诚实守信、爱岗敬业、开拓创新和团队协作精神，树立现代管理理念，强化风险意识和法制观念。

校园文化积淀、群众习惯评判对决策者和执行者可以产生一种无形压力，促使管理者自觉规范管理行为。

高校实施环境氛围控制需要注意的问题：

首先，高校环境氛围是高校建立和实施内部控制的基础，高校的领导必须高度重视学校环境氛围控制的建设工作。在实施组织机构控制、职务分离控制等控制办法时，应当考虑到环境氛围的基础配套改造问题。

其次，高校环境氛围是历史积淀形成的，无论是改变旧的环境氛围还是形成新的环境氛围都需要较长的时间，高校领导不能因为收效慢而放弃改造旧环境氛围和建设新环境氛围的努力。"前人种树后人乘凉"，环境氛围控制是一项"功在当代，利在千秋"的工程。

再次，体制机制和高校文化对高校环境控制影响重大，既会影响到治理结构的构成、机构设置和权责分配，也会影响到人力资源政策和内部审计作用的发挥，但归根结底，高校党委书记和校长对内部控制的态度才是最关键的问题。

最后，高校环境氛围控制是一项软控制，建设环境氛围控制既要靠规章制度的约束，也要靠思想教育的引导，因此，环境氛围的建设不是一项纯粹的行政工作，还要同党建工作结合起来，充分发挥基层党支部的战斗堡垒作用，充分发挥共产党员的先锋模范作用，营造良好的高校文化。当前要把"三严三实""两学一做"和"四比四提升"等党建工作嵌入高校环境氛围控制中来。

2.组织机构控制方法

组织机构控制是指通过合理设置并有效发挥高校的内部机构之间相互配合又相互监督的作用所达到的控制。

组织机构控制分组织方案控制、组织结构控制和组织系统控制三个方面，具体的内容见表5-3：

表5-3　组织机构控制分类

具体方法	大体内容
组织方案控制	通过文件明确各个部门（二级单位）的权力和责任及权责边界。
组织结构控制	明确各部门（二级单位）的相互关系，满足集中领导、分级管理的要求。
组织系统控制	明确部门（二级单位）之间的垂直领导关系和横向协作关系，考虑组织功能的健全性和合理性。

高校实施组织机构控制需要注意的事项：

首先，高校在实施组织方案控制时，一定要将高校当前部门（二级单位）的权力和责任覆盖范围与高校当前全部工作范围进行对比，一定要做到事业发展到哪里，相关部门的权力和责任就延伸到哪里，消灭管理盲区和责任盲区，避免扯皮推诿现象发生。

其次，高校在实施组织结构控制时，一定要明确部门之间（二级单位）的相互关系，部门之间主动配合、支持并接受监督，积极推动"校院二级管理"改革，逐步将人事权、预算权、学科建设权和学生管理权下放到二级学院，充分调动二级学院办班办学的积极性。职能部门由过程管理转向结果管理，通过服务和监督实现管理目标。

最后，高校在实施组织系统控制时，一定要明确部门（二级单位）之间的垂直领导关系和横向协作关系，如对高校里的"主持""分管""协管"以及"联系"进行清晰的描绘，避免混淆不清，被管单位无所适从的现象发生。

3.职务分离控制方法

职务分离控制是指对组织内部的不相容职务工作分别由不同的部门或不同的人员经办。这一控制能够使有关人员在处理业务时得到"互相牵制"和"相互制约"，发现错误舞弊，严防错误和舞弊行为发生。

在组织内部，需要实施职务分离控制的事项详见表5-4：

表5-4　职务分离控制的具体方法

具体方法	大体内容
授权与业务经办分离	采购批准职务与经办执行职务分离。
业务经办与会计记录分离	采购执行职务与会计记录职务分离。
会计记录与财产保管分离	会计记录职务与财产保管职务分离。
业务经办与稽核检查分离	业务经办职务与事后检查职务分离。
授权批准与监督检查分离	采购的批准职务与监督检查职务分离。
保管与清查控制分离	保管某项财物职务与这项财物清查职务分离。
总账与明细账控制分离	记录总账与记录明细账、日记账的人员分离。

高校实施职务分离控制需要注意不相容职务分离的核心是"内部牵制"。我国高校普遍实行了钱、账、物分管制度。但是，仅仅停留在钱、账、物分管这个点上是远远不够的，现代组织内部的职务分离控制，比起钱、账、物分管制度要广泛和深刻得多。如招聘工作中的分数统计和复核分离、劳资部门的工资调整计算和复核分离等。因此，高校领导应该定期对高校的职务分离进行合理的扩充，做到哪里有舞弊，哪里就有不相容职务分离。

4.授权批准控制方法

授权批准控制是组织内各级工作人员必须经过授权和批准才能对有关的经济业务进行处理，未经授权和批准的人员不允许接触和处理这类业务（表5-5）。

表5-5　授权批准控制的具体方法

具体方法	大体内容
常规授权控制	授予有关人员处理正常范围内经济业务的权限。
特殊授权控制	授予有关人员处理超出一般授权范围特殊业务的权限。

高校实施授权批准控制需要注意的问题：

第一，高校中多数二级学院的院长都是教授或某个学科的带头人，缺少基层管理工作经历，对授权审批和财产清查等具体要求了解不多。因此，高校必须建立授权审批体系，编制常规授权的权限指引，规范特别授权的范围、权限、程序和责任，严格控制特别授权。

第二，在授权批准控制的同时必须明确各级管理人员所承担的责任。权力下放意味着责任下放，但并不会由于权力下放就免除授权人的责任担当，授权人授权之后还要继续对接受授权的单位和个人进行指导和检查，促使接受授权的部门和个人加强工作责任心，切实承担履职责任。

第三，在进行授权控制时，常规授权的范围不宜太大，但也不可过小。如果常规授权的范围太大，会使单位或部门的领导失去对重要业务的控制，削弱内部控制的严肃性，从而带来较大的管理风险。如果常规授权范围十分狭小，凡事均需请示、批准，也势必会削弱管理人员的积极性和责任感，不利于提高管理水平。

第四，授权方式既可以采用书面授权，也可以采用口头授权。为保持内部控制的严肃性，高校应该尽量采用书面授权（写明授权事项、有效时间并让授权人亲笔签名）的方式，方便工作回查和责任追究。尤其是特殊授权，更加需要通过书面形式来表明授权人的委托以及被授权人的受托关系。

例如，G医科大学由于湛江和东莞两个校区跨度大，部门正副职领导一般相对固定负责一个校区的日常工作，为方便报账，部门负责人一般都会授予副职一定的经费审批权限。一般在2000元内，不需另行请示，部门副职直接有权根据财务规定签署审批意见，对于超过2000元的业务，必须经过部门正职批准后方可签署审批意见。前者为常规授权，而后者则为特殊授权。

5.人员素质控制方法

人员素质控制，就是根据"人岗匹配"的原则，将合适的人安排到合适的岗位并加以培养和考核，使人的作用发挥到极致的控制（表5-6）。

表5-6　人员素质控制的具体方法

具体方法	大体内容
建立人事任免制度	根据员工的德能表现委派工作，使他们能够胜任各自的工作。
建立岗前培训制度	明确职工必须通过业务考核才能上岗工作，人事部门对新入职员工进行集体培训，让员工了解相关制度和纪律要求。
建立业绩考核制度	建立员工业绩评价指标体系，定期对员工进行业绩考核，打破终身制，实行动态管理，将不能胜任管理工作的人员调离管理岗位，对达不到技术等级要求的专业技术人员实行降级处理。
建立继续教育制度	按照行业规定，建立继续教育制度，定期组织各类人员进行职业道德和技能培训，提高员工的职业道德素质和技术业务素质。
建立奖励惩罚制度	对于爱岗敬业、业绩优良的员工给予肯定、表彰或者提职加薪奖励，对于纪律懒散、给单位带来负面影响的员工进行批评教育，提高职工的工作责任感和荣誉感，提升社会正能量。
建立职务轮换制度	定期调换职工的工作并对职工的工作能力和工作情况进行全面检查，帮助培养职工胜任工作的能力。

高校实施人员素质控制需要注意的问题：

首先，任何管理工作都离不开人的主观作用，人既是内部控制的设计者、建设者，又是内部控制的执行者，高校内部控制的契合度以及内部控制的执行效度，同人员素质密不可分。高校应该采用一定的方法和手段对职工的思想品德、业务技能和工作能力进行控制，保证各类人员素质与其所负责的工作岗位要求相适应，保证人人都胜任岗位工作，高质量完成工作任务。

其次，高校知识分子是高智商人群，从事教学和科研工作的人对工作环境的要求比较高，高校应该想方设法为教学和科研人员提供比较舒适的工作环境，提供浏览和借阅图书及期刊的便利，提供地方社会经济发展等方面的资讯。对于交通困难的大龄教授，给予非坐班制的照顾。对于掌握国家秘密或重要科研攻关秘密的员工要建立离岗的限制性规定，防止员工利用离岗机会泄露国家秘密。

最后，任何人群都存在先进、一般和落后三种情况，高校知识分子思想活跃，个性张扬，高校的人事部门要做好分类疏导工作，尽可能通过鼓励先进，鞭策后进，抓两头促中间，培育员工积极向上的价值观和社会责任感。高校的领导层和中层干部要率先垂范，在工作中主动学习新理论和新知识，提高工作能力，在营造良好的高校文化方面发挥关键的作用。

6.信息质量控制方法

信息质量控制是指单位发生的经济业务不仅要形成信息，而且相关信息要准确、完整、可靠、及时并能够共享，对单位的管理和监督工作带来正面影响的控制（表5-7）。

表5-7 信息质量控制的具体方法

具体方法	大体内容
审核控制	记账凭证必须根据经专人审核后的原始凭证进行记录。
内容控制	记账凭证的内容必须保持同原始凭证一致。
编号控制	凭证必须连续编号，凭证的使用必须按编号次序依次使用，领用空白凭证必须经过登记备案手续。
用途控制	凭证的正、副联必须复写填制，各联凭证必须注明用途，严格按规定用途使用各联凭证，报废凭证必须注明"报废"字样，并妥善保管。
复核控制	建立定期复核制度，定期对凭证的填制、记账、过账和编制报表工作进行复核。
核对控制	建立总分类账与明细分类账、日记账的核对制度。
签名控制	业务经办人员在处理有关业务后必须签名盖章，以备今后追溯责任。
传递控制	建立完善的凭证传递程序。
分析控制	建立会计信息的定期分析制度，及时发现和纠正信息谬误。
清查控制	定期或不定期地对库存现金、银行存款、各项金融性资产以及各项财产物资进行清查，根据实存数调整账面数，查明盘盈盘亏原因，确保账实相符。

高校实施信息质量控制需要注意的问题：

第一，信息质量控制严密才能确保信息准确、完整和可靠，才能为今后回查提供资料保障。因此，信息质量控制是内部控制的重要控制措施，高校领导必须高度重视信息保管和信息利用工作。通过信息质量控制促进高校内部控制的建设和健全。

第二，信息质量控制最重要的方面就是会计控制系统的建立，对于已经利用网络报账的高校，要特别重视局域网的安全保障建设工作，电子档案要搞好备份，异地存放，同时要按照档案管理要求定期整理归档纸质资料。

第三，建立质量控制规章制度，形成规范的控制流程，养成自觉履行控制的工作习惯。根据会计凭证保管期限由15年调整为30年的规定，及时做好会计档案室的建设工作，做好档案室的防火、防潮、防盗、防虫蛀鼠咬工作，保证会计档案得到完整存放。

7.财产安全控制方法

财产安全控制是指高校为保证财产安全而采取的一系列控制措施（表5-8）。

表5-8　财产安全控制的具体方法

具体方法	大体内容
账务控制	发生经济业务要立即记账，特别是库存现金、银行存款等业务，更加需要重视账务控制，以防现金被贪污挪用。
盘存控制	定期对实物资产进行盘点并将盘点结果与会计记录进行比较，采用永续盘存的方法反映财产物资的增减变动情况，随时反映财产物资的进、出、存情况。
接触控制	严格限制未经授权的人员接触资产，对货币资金、有价证券、贵重物品、存货等变现能力强又便于携带的资产必须限制无关人员的直接接触。
档案控制	建立财务档案保管制度，编制档案清册并妥善保管，防止抽换和篡改档案资料，对财产物资进行科学编号，便于清点。

高校实施财产安全控制需要注意的问题：

首先，保障财产安全特别是资产安全，是内部控制的重要目标之一，因此高校实施财产安全控制，不能仅仅局限于有形财产和积极财产，还要同时关注无形财产和消极财产。

其次，高校科研人员为了方便使用，在科研专项经费充足的情况下都会提出设备购置请求，"重购买、轻管理"是高校财产管理存在的普遍现象。事实上，设备空置浪费行为同资金浪费行为并没有什么本质区别。因此，高校在实施财产安全控制时，要特别注意做好防止财产隐性流失现象的发生。

最后，部门之间定期清查盘点并相互核对是预防财产流失的有效手段。财产安全既要依靠使用部门的悉心保管，同时也离不开财务和设备归口管理部门的账目控制和日常监督，高校既要建立起"谁用谁管谁负责"的财产管理机制，又要建立起财产部门、设备管理部门和设备使用部门信息互通并"同抓共管"的财产管理平台。

8.业务程序控制

业务程序控制是指对重复发生的业务采用规范化、标准化的手段对业务处理过程进行的控制（表5-9）。

表5-9　业务程序控制的具体方法

具体方法	大体内容
凭证传递标准化	明晰凭证取得、粘贴、签批到归档的标准化流程。
记账程序标准化	明晰报账审核、复核、付款和记账的标准化流程。
收支程序标准化	明晰资金从收入取得到支出经办系列标准化流程。

高校实施业务程序控制需要注意的问题：

第一，业务程序标准化，可以确保工作有条不紊，防止杂乱无章，提高工作效率。高校各部门都应该立足于"简化流程，保证质量"，对各级人员的业务范围、权责以及业务处理的基本程序建立起标准化的工作流程。

第二，高校各部处（包括二级学院）都要根据每项业务流程制作工作手册并公布投诉电话，或制作宣传栏张贴上墙，或利用部门网页予以公开，方便有需要的人员浏览阅读。公开业务程序标准化，既可以方便群众事先做好材料和手续的准备工作，又便于社会公众对具体办事人员实施投诉监督。

9.目标考核控制方法

高校目标考核是按照一定的指标或标准去评判部门和人员工作业绩，并根据衡量结果给予相应奖惩的管理活动（表5-10）。

表5-10　目标考核的具体方法

具体方法	大体内容
目标定量考核控制	建立系列定量考核指标(包括绝对值指标和相对值指标)，将被考核者的实际完成量与设定的目标完成量进行对比。
目标定性考核控制	建立系列定性考核指标(优、良、中、差)，将被考核者实际工作表现与设定的目标要求进行对比。

高校实施目标考核控制需要注意的问题：

第一，目标设定要考虑科学性。量化指标是最易于考核的指标，比如，入学率、毕业率、就业率、课题中标率、论文发表篇数等，既易于统计又易于归纳考核结论，这类指标受到普遍欢迎。但是，并不是所有的管理和服务工作都可以量化考核，比如学生宿舍管理员的工作业绩就很难利用量化指标进行衡量，类似这种服务性工作，应该结合学生评价予以考核。因此，高校在实施目标考核控制的时候，需要考虑目标设定的科学性问题。

第二，目标考核要考虑公平性。目标考核的目的是通过考核达到鼓励先进、鞭策后进、以点带面，推动整体达标。目标考核公平才能得到被考核者的信任和尊重。因此，高校应结合被考核者的自我考核、群众测评和专家考核的方式进行目标考核，考核专家的人选既要具备专业能力又要处事公道，作风正派，实事求是，保持考核评价的公平性。

第三，目标考核要实行动态管理。高校目标考核涉及考核主体、考核对象、考核要素、考核标准、考核方法、考核程序等因素，既需要建立起完整的绩效评价体系，又要建立被考核者的日常业绩数据库，及时采集被考核者的工作业绩信息，做到按月、按学期或按目标完成计划周期内收集与反馈目标考核信息的工作，实施考核全过程动态管理，为考评提供较为翔实的参考依据，减少人为主观评判误差。

（七）高校内控建设的必要性

1.有利于高校工作有序运转

通过对内部控制进行建设，可以促进高校一切活动按既定的目标有计划、有步骤地推行，健康、有序地运作，并及时发现可能出现的偏差，防范管理风险，避免潜在的危机转变为现实的损失。

2.有利于增强高校法制观念

通过梳理工作节点风险标识，警示各部门工作人员自觉检查法律、法规、政策的贯彻执行情况，自觉抵制造假违法违规行为，不断修正和调节组织内部各部门、各单位和个人的关系，保证各项工作在法律法规规定的轨道上运行。

3.有利于财产安全完整

职务分离和内部审计机制的引入，能够在很大程度上促使高校会计信息和其他信息真实可靠，使得支出合法，记录完整，处理恰当，稽核有力，有效堵塞漏洞，防止或减少损失浪费。

4.有利于提高工作效率

随着内部控制机制的建立，高校各项工作分工及其程序将会朝着规范化、标准化的方向发展，高校内部各部门各单位都清楚工作范围、职权和责任，各司其职，各尽其能，减少不必要的请示、汇报环节，避免扯皮、推诿、拖拉现象的发生。内部控制系统通过确定职责分工、工作程序、手续制度、传递过程、审批制度、检查监督等手续，可以防止工作差错，提高工作效率。

（八）高校内部控制的弱点

必须清楚，内部控制可以促进高校规范管理，防止或降低风险发生，但受管理当局自身能力及内外部环境等主客观因素的制约，在一个单位里，内

部控制只能为实现既定的目标提供合理的保证，无法完全杜绝差错甚至舞弊行为发生。内部控制不应被期望可以消除所有现存以及潜在的缺陷。因此，内部控制难免会存在固有的弱点。通常，内部控制的弱点主要表现为以下方面：

1.成本受限

一般而言，单位应该将错误或潜在风险可能造成的损失和浪费控制住或控制在可以接受的界限之内。然而，在实际工作当中，一些理想的内部控制往往会因成本过高而最终被迫放弃。例如，在高校里，理想的工程造价应该经过如下程序：首先由基建后勤部门的专职造价管理人员进行初审，然后再提交审计部门进行造价审计，最后才委托社会中介机构进行结算审计。完善的造价岗位配备和完整的审核流程，对于工程项目多的高校是非常必要的，但对于基建工程量小的职业学校，未必都会配备足够的工程造价人员，因为专设造价审核岗位支出往往会比工程费用审减数额更高，从成本效益角度来看，用导弹打野猪的做法是不划算的。

2.串通舞弊

不相容职务的适当分离只能在一定程度上防止或避免单独一人隐瞒从事不合规的行为。两人或更多人的合伙同谋行为通常会导致控制失效。例如，部门负责人串通部门经办人员虚报假账；实验室人员共同以购买实验用品的名义购买生活用品，化公为私；采购人员与供货方人员合谋拿取回扣；会计和出纳合谋挪用或私吞公款；内外部人员串通勾结等。

3.滥用职权

单位或部门负责人逾越控制，滥用职权，也会使内部控制形同虚设。屈于强权，经办人员不得不做出明知不可为而为之的事情，并想方设法为领导粉饰太平，充当"挡箭牌"。

4.制度滞后

任何制度和措施都有其时效性，基于以前的内外部环境条件而设置或实施的内部控制措施和办法很有可能会因为管理环境、业务性质等的改变而削弱或失效。基于种种原因，单位很难做到及时修改和修正，造成制度滞后。

合理的保证并非绝对的保证。内部控制的固有局限虽然会降低人们对内部控制的效用预期和信心，但绝对不可"因噎废食"，全盘否定内部控制的功能。制度建设是管理工作的基石。[①]高校应该努力在控制环境、风险评估、控制活动、信息和沟通、监督等方面不断地建立内部控制，不断地检测内部控制，不断地健全内部控制。

第二节　高校内部审计监督控制系统

内部审计控制是指高校的内部审计机构或高校委托社会审计组织对高校及所属单位的内部控制设计与运行的健全性、有效性进行评价的一种手段。

高校内部应是一个健全的内部控制体系，不仅具有健全的内部控制应用体系，而且具有健全的内部控制评价体系。内部审计作为内部控制的组成部分，其本身就是一种控制。内部审计又要对高校内部控制进行评价，因此，内部审计是内部控制的再控制。

一、高校内部审计监督控制的内容

高校各项业务的内部控制体系主要由控制环境、风险管理、控制活动、信息与沟通、监督审计等要素组成，高校内部控制审计的主要内容包括以下

---

① 王春晖，曹越.内部控制视角下对高校经济合同管理的思考[J].会计之友，2016（19）：87-91.

几个方面。

（一）控制环境审计的主要内容

（1）单位业务活动的复杂程度；

（2）管理层的权责分配、决策程序和议事规则；

（3）管理行为守则的健全性和有效性；

（4）管理层对逾越既定控制程序的态度；

（5）工作人员对管理层管理理念和工作作风的理解和认同；

（6）工作人员的职业道德、知识和技能；

（7）组织结构和职责划分的合理性；

（8）重要岗位人员权责的相称程度和胜任能力；

（9）工作人员的培训制度；

（10）工作人员业绩考核与激励机制。

（二）风险管理审计的主要内容

（1）正确识别风险，分析引发风险的内外因素；

（2）对风险进行正确评价和衡量，测算风险发生的可能性和预计带来的后果；

（3）风险转移的措施；

（4）对抗风险的能力；

（5）风险管理的具体方法及效果。

（三）控制活动审计的主要内容

（1）业务流程、处理手续、业务记录和检查标准等控制活动建立的适当性；

（2）目标控制、授权控制、不相容职务分离控制、资产和记录接近限制等控制方式的正确性；

（3）财产物资控制、会计信息控制、财务收支控制、管理决策控制、经济效益控制、管理目标控制等控制内容的完整性；

（4）控制活动执行的有效性。

（四）信息与沟通审计的主要内容

（1）获取内部信息和外部信息的能力；

（2）信息处理的及时性和适当性；

（3）信息传递的便捷性与畅通性；

（4）管理信息系统的安全可靠性。

（五）监督审计的主要内容

（1）学校各部门、各单位及所属单位实施独立监督的有效性；

（2）管理层的内部控制自我评估的有效性。

二、高校内部审计监督控制方法

无论是事前审计还是事中审计或事后审计，为了取得准确的审计证据，通常都会采用一些合适的方法。一般而言，内部审计控制的具体方法详见表5-11：

表5-11　内部审计控制的具体方法

具体方法	大体内容
审核法	对会计记录和其他书面材料进行审阅与核对，如查阅会计资料、预算、计划、会议记录及各种规章制度等资料使用情况。
监盘法	内部审计人员在现场观察被审计单位存货的盘点，对已盘点的存货进行适当检查。对有形资产、现金、有价证券的审计一般都会采用本方法。

续表

具体方法	大体内容
观察法	内部审计人员实地察看被审计单位的工作场所、实物资产和有关业务活动及其内部控制的执行情况，以获取审计证据。
询问法	审计人员与被审计单位或有关人员进行面对面交谈以了解有关情况、收集审计证据。
函证法	为证明被审计单位会计资料所载事项而向有关单位或个人发函询证，要求第三方就业务和相关金额予以回复确认。
复核法	通过对会计记录中的期末余额，小计、合计、差数、积数、商数等进行复算，以检查计算技术上有无错误、数字是否正确。
专题调查法	为了证实某一特定事项，回答某一特定问题而对某审计事项进行的一项专门的调查。
分析性复核法	审计人员通过分析被审计单位重要的比率或趋势，包括调查这些比率或趋势的异常变动及其与预期数额和相关信息的差异而获取初步审计线索。

高校内部审计机构具有独立性、客观性和权威性的特点，由内部审计机构对学校经济活动可能存在的风险进行排查，对关键控制点及控制措施进行分析，对规章制度的实施情况进行评价，有利于促进高校及所属单位加强和完善内部控制建设。

三、高校内部控制审计的实施要求

（一）组织要求

（1）学校各部门、各单位应当建立健全内部监督制度，明确各有关部门或岗位在内部监督中的职责权限，规定内部监督的程序和要求，对内部控制建立与实施情况进行内部监督检查和自我评价。内部监督应当与内部控制的建立和实施保持相对独立。

（2）内部审计部门应当定期或不定期检查单位内部管理制度和机制的建立与执行情况，以及内部控制关键岗位及人员的设置情况等，及时发现内部控制存在的问题并提出改进建议。

（3）学校各部门、各单位应当根据本单位实际情况确定内部监督检查的方法、范围和频率。

（4）单位负责人应当指定本单位有关部门或专人负责对单位内部控制的有效性进行评价并出具单位内部控制自我评价报告。

（5）学校内部审计部门根据上级主管部门的要求和单位内部管理的需要，确定内部控制审计项目，列入年度审计工作计划，报主要负责人或分管领导批准后实施。

（6）学校审计部门应在实施内部控制审计三个工作日前，向被审计单位送达审计通知书。如有特殊情况，经内部审计负责人批准，可以直接持审计通知书实施审计。

（7）学校审计部门结合实际情况，科学选定内部控制审计的范围和重点。既可以对学校及所属单位的内部控制进行全面审计，也可以选择对教学管理、科研管理、财务管理、资产管理、采购管理等关键环节进行局部的内部控制审计。

（8）被审计单位应对所提供资料的真实性、完整性负责并做出书面承诺，不得拒绝、拖延或提供虚假信息。

（二）实施要求

（1）内部控制审计的实施过程包括收集与描述。

（2）审计人员可以采用文字叙述、调查问卷、流程图等方法对内部控制进行描述和评价，并记录于审计工作底稿中。

（3）内部控制审计报告的主要内容包括审查和评价内部控制的目的、范围、审计结论、审计意见及对改善内部控制的建议，同时包括被审计单位的反馈意见。

（4）内部审计部门将审计报告等结论性文书报送主要负责人或分管领导，同时发送被审计单位及有关单位。

四、高校实施内部控制审计需要注意的问题

（1）高校内部审计是一种独立、客观的确认和咨询活动，它通过运用系统、规范的方法，审查和评价单位的业务活动、内部控制和风险管理的适当性和有效性，以促进单位完善治理，提高教育资金效益，更好地为教育目标的实现服务。

（2）内部审计制度是贯彻内部控制的有效手段，高校管理层应高度重视内部审计工作。高校都应该设置独立的审计机构，在学校主要党政领导的直接领导下，依据国家法律、法规和政策，以及教育主管部门、审计主管部门和本校的规章制度，独立地开展审计工作，对学校主要领导或分管领导负责并报告工作，同时接受国家审计机关和教育主管部门内部审计机构的业务指导和检查。独立是内部审计存在的灵魂，高校的内部审计人员在审计工作中一定要依法独立发表审计意见。

（3）高校的内部审计已由早期的"查错防弊"向"管理审计"扩展。高校内部审计机构要加强对审计人员的业务培训，保证内部审计人员能够准确掌握内部审计的各种方法、善于利用审计方法获取审计证据，准确做出审计结论，保证审计结论的权威性。

（4）内部控制的监督工作是高校运行的"免疫系统"。既然是免疫系统，就应该充分发挥"内生性力量"的作用，更早地感受到各种风险，更快地发现自身机体的"病灶"，更好地调动"免疫系统"的功能来防范和解决问题，绝不能等到"病入膏肓"时再靠"外生力量"解决问题。

第三节　高校财务内部控制系统构建案例分析

一、接受贿赂擅自安排资金存储

（一）案例描述

邓某在某高校担任多年的财务处处长，与本市的各家银行很熟悉。2010年一家地方商业银行到学校宣传银行经营业务，其中一项高息揽储业务吸引了邓某的眼球，在银行许诺给予邓某本人一定好处的情况下，邓某未经学校及上级部门批准，在该商业银行开设账户，动用学校的资金参加银行的融资理财活动，将400万元存入银行参与高息揽储业务，期限三年。到期后，银行由于各种原因无力支付学校利息，仅归还学校的本金，给学校造成了90.12万元的经济损失。在这个过程中邓某本人收取银行的回扣，得到了6万元的好处。事发后，学校根据《中国共产党纪律处分条例》给予邓某开除党籍处分，收回6万元回扣上缴国库，并参照学校相关规定给予邓某降职的行政处分。

（二）案例剖析

在本案例中，邓某作为财务处处长，滥用职权安排资金存储，收受贿赂，违反了《中华人民共和国会计法》第四章第二十七条第二款、《高等学校财务制度》（财教〔2012〕488号）第四十一条、《行政事业单位内部控制规范（试行）》（财会〔2012〕21号）第十四条规定。

近年来，随着国家财政拨款和高校自筹经费的大幅增长，高校沉淀的资金量较大，有的高校为了增加学校收益，进行对外投资活动。但是，如果不能进行科学研究和风险评估，不能对投资实行有效的控制，不经过学校领导的集体讨论决策，巨额公款很容易被个人控制和利用，给国家和学校造成不可挽回的经济损失。

在本案例中，邓某作为财务处处长，在未经学校领导同意的情况下，擅自对外投资进行金融理财活动，其主要问题和原因有以下几个方面：一是未经学校和上级主管部门批准，擅自在地方商业银行开设账户，将资金存入该账户，增加了学校的财务风险。二是该校缺乏投资的相关审批及履行程序等内部控制制度，没有经过相关风险评估，将大额的资金对外参加具有风险的高息揽储业务，造成学校经济损失。三是违反"三重一大"决策的有关规定，未经学校集体研究决定，使用大额资金参加高息揽储业务或其他对外投资活动。四是该校资金调配的内部控制制度薄弱，在款项划出时，财务处主要负责人写了"请划款多少元到某开户行某账号"的字样，而未对经济业务的具体内容做出说明，经办人员就直接办理，缺乏必要的监督和控制。

在本案例中，邓某作为财务处处长，是学校投资活动的直接负责人，未能很好地严格约束自己，未履行规定审批程序和财务处理规定，并收受回扣，致使学校大量资金未能如期收回，造成学校经济损失。邓某的行为属于严重的违法行为，应该受到党纪国法的惩处。

（三）改进建议

近年来，随着高校招生规模的扩大和生均教育经费的增长，高校的资金规模越来越大，资金构成结构复杂多变。如果没有健全的财务管理制度，很容易造成管理上的漏洞。我们应从本案例中汲取教训，从以下几个方面加以完善。

1.建立健全资金管理内控制度

资金的安全重点在于加强管控，规范化和制度化建设是关键前提。在资金管控中，一方面对学校资金管理决策机构的议事规则需进行规范，特别是大额资金运作应经过一套完整的专业论证流程，对事项可能产生的损益和风险情况进行科学预测和分析，并参考论证结果形成最后的决策。另一方面要规范授权行为，根据分级管理需要，明确资金运作的额度权限，并严格执行。通过完善分级授权管理制度，提高资金管理效率，也对操作风险进行了有效控制。另外，高校要贯彻内部牵制原则，确保资金管理不相容岗位相互分离、制约和监督，加强会计人员职业道德和安全意识教育。

2.强化高校内部审计监督

高校一方面要严格执行国家和主管部门的有关财经法规和制度，并结合学校实际情况建立学校国有资产管理制度。另一方面应强化内部审计监督，重点对资金的调度使用、学校重大经济决策投资、各类经济合同以及资产的运行情况进行审计监督，确保学校资金的安全完整，规范学校的投融资行为。

二、利用职务之便贪污公款

（一）案例描述

2013年，某高校校长办公室主任轮岗调任其他职务，秘书赵某在报销该主任任期内的相关费用时，一次报销5万余元，会计审核时觉得支出数额较大且存在疑点，于是找校办主任核实，发现该笔业务系虚构。财务部门深感问题的严重性，追查了自2007年起赵某任秘书以来经手的所有票据，发现赵某利用职务之便，与有关餐饮单位勾结先后虚构餐饮、会务、接待等费用开支262项，通过在餐饮等机构购买相应发票、伪造主要领导签字以及采取先签字后贴票等行为，6年间骗取学校资金300余万元，对学校造成严重经济损失和恶劣的社会影响，最终被法院以贪污罪判刑。

（二）案例剖析

在本案例中，赵某采取虚构业务、购买发票、伪造签字等手段大肆侵吞学校资金，反映出该校内控制度建设薄弱，审批把关不严，主要违反了《行政事业单位内部控制规范（试行）》（财会〔2012〕21号）第十二条规定。

高校实施内部控制，是促进高校提高管理效率以及建立现代高校管理制度的重要途径。然而，目前高校内控制度的建设不尽如人意，某省对所属高校的调查显示，相当部分院校的财务内控制度比较薄弱，其中56%院校在收入的真实完整和支出的合法合规以及33%院校在财务票据的管理等方面存在漏洞；82%院校未制定招投标管理规定并执行；62%院校未实行合同归口管理；68%院校未开展基建修缮工程审核；56%院校未设置独立内部审计机构；73%院校未能全面履行内部审计职能。

在本案例中，学校内控制度薄弱，管理松散，导致了贪污行为的发生。首先，该校对学校内部的部门无预算控制，报销只要领导签字就能够开支，有较大随意性，支出规模无法控制，导致招待费等校长办公室经费的开支较大，而校长办公室主任和财务部门均没有发现。

其次，该校没有按照不相容职务分离的原则，明确相关业务的职责和权限，形成相互制衡。职务分离是内部控制制度的基本要求，单位必须合理设置内部控制岗位，明确划分职责权限，实施相应的分离措施，形成相互制约、相互监督的工作机制。一方面，该校校长办公室开展会议接待、车辆维修、物资采购等工作都由赵某一人经办，业务的全过程和支出大小只有赵某清楚。另一方面，这种业务长期由一人承担，造成了赵某与业务单位的熟悉和勾结。他在相关业务单位虚开发票，或是将自己私人的日常费用支出开成发票后，采用同样的方式冒充单位的公款消费到单位报销，这些行为都违反了内控规范的要求。

再次，该校审批控制的制度存在问题。审批控制是行政事业单位控制支出的一个重要手段，也是现金内部控制制度的一项基本原则，应明确办理现金收支业务的授权批准范围、权限、程序、责任，以保证权责明确、管理科学。本案例中，赵某每次报销只要填写"费用报销单"，并在"报销人"一栏签字后，直接找主要领导审核签字后就可以到财务部门报销，中间不需要由其他人员或分管领导审批签字。授权审批制度的不完善，使赵某能够虚构餐饮、会务、接待费用开支262项而未被发现。正确的签字报销程序应该是经办人贴好票据，加计报销总数，领导对每张单据进行严格审核后方能签字。而本案例中赵某在未粘贴票据的情况下，领导在空白报销单上签字，严重违反了财务报销的程序，给赵某以可乘之机，签字领导也同样存在渎职的行为。

最后，低值易耗品缺乏管理。实际工作中，一些单位经常购买大量的烟酒以及其他低值易耗品，无法一次消耗，就需要对这些商品进行库存管理，实行账物分管。

但是，在本案例中，该校并未建立库存管理制度，将购买数额巨大的低值易耗品的开支直接作为支出处理，造成了内部管理的混乱。

另外，在本案例中，经统计发现，2011年有72张、2012年有24张的费用报销单上领导的审批意见和签名都是赵某伪造的，会计审核未能发现。这样的报销单只要经过审核员的复核付款后，该报销业务就算最终完成，缺乏会计稽核过程和事后的抽查，这在某种程度上弱化了会计监督职能。

（三）改进建议

在本案例中，该校未建立内部控制制度，违反了不相容职务相分离、授权审批、财产保管控制以及单据控制等内控规定，导致会计控制中出现财务秩序混乱，内部管理存在着较大的风险。该案例给我们敲响了警钟，高校要强化内控制度建设，防范类似情况的发生。

1.提高对内控重要性的认识，营造良好的内控环境

按照内部控制的要求，单位负责人对本单位内部控制制度的合理、有效负主要责任，因此，单位主要负责人和一些相关领导应强化内部控制意识，完善本单位内部机构设置和权责分配体系，健全内部审计机制，营造良好的内部控制环境。

2.强化预算管理控制

建立预算管理制度，高校应科学合理分配各类经费，编制有关支出的预

算计划。严格按照预算来控制各二级单位的经费开支，对于超过预算的金额必须履行预算调整程序，增加预算后方可开支。建立预算预警控制体系，对于达到预算临界点的开支应加强审核，以便对一定期间学校的支出进行统筹安排与控制。

3.强化内部审计监督

高校应当单独设立内部审计部门，切实开展内部审计工作，尤其要对学校内控制度的建设情况以及内控的风险点进行重点和定期的检查，充分发挥审计监督在内控实施过程中的重要作用。

三、收入体外循环私设"小金库"

（一）案例描述

据《湖北审计》登载，荆州市审计局派出审计组，于2009年12月至2010年3月对某机电学校校长任职期间（2001年6月至2009年9月）进行离任审计，审查了这期间的全部会计账目，并延伸审查了2010年3月9日之前的有关账目。经审计查明：该校自2001年8月25日起设立"小金库"，至今已9年。其主要来源分为四部分：一是学杂费、毕业费、面试费、派遣费等20多种名目繁杂的收费；二是下属单位上缴的承包收入和利息收入；三是大专班、汽车驾驶培训班等代收代支余额；四是其他款项。该校利用"小金库"乱补乱发，支出随意、无序。截至2010年3月9日，"小金库"累计支出现金321.14万元，占"小金库"总额的92.31%，截至审计结束，该校"小金库"余额26.76万元，分别用12张存单、存折以私人名义存于银行。

（二）案例剖析

在本案例中，该校私设账外账属于典型的"小金库"行为，违反了以下规定：《中国共产党纪律处分条例》第一百二十三条、中纪委关于设立"小金库"和使用"小金库"款项违纪行为适用《中国共产党纪律处分条例》若干问题的解释（中纪发〔2009〕20号）、国务院办公厅转发财政部、审计署、中国人民银行《关于清理检查"小金库"意见》的通知（国办发〔1995〕29号）第一条规定、《行政事业单位内部控制规范（试行）》（财会〔2012〕21号）第二十六条规定。

　　"小金库"反映的不仅仅是公款存取方式上的区别，其往往伴随着收支不入账、乱发钱物等问题，容易滋生腐败和犯罪，其危害绝不可低估。一是挑战党纪国法的权威。"小金库"不仅扰乱了正常的财务管理，逃避了监督，而且扰乱了国家的金融秩序。如果任其发展，法律的权威、党纪的严肃性将受到严重侵害。二是容易诱发犯罪。因公款私存只有个别人或少数人知晓，缺乏相互制约，缺少监管，为别有用心之人提供了可乘之机，容易诱发当事人产生挪用公款、私吞存款利息，甚至贪污公款等犯罪行为。三是容易造成集体资金流失。掌管这些钱款的人一旦起邪念，必然会造成集体资金大量流失，给学校带来不可挽回的损失。四是容易助长不正之风。有了可以随意支配的活钱，就会乱发奖金、补贴，就会导致领导或经办人员私欲膨胀，助长公款请客送礼、大吃大喝等不正之风。

　　本案例中，涉及的是挪用资金，即单位相关人员上下勾结，不按照国家法律法规和规章制度办事，将有特定用途的资金挪作他用。该校校长9年间将学校部分收入347.9万元不入账，以私人名义存入银行，属于典型的私设"小金库"行为。这种情况一是个别领导无视国家有关规定，擅自将应该记入学校账目里的大量收入作为账外账，游离于学校财务管理之外，严重违反国家的法纪法规。二是为少数人谋取私利，乱补乱发，将学校收入转化为个人收入，开支一些不符合制度规定的费用，甚至开支大量个人费用，套取国家资金。"小金库"资金的开支，缺乏监督管理，更谈不上规范，极易诱发腐败；"小金库"资金为个别人开支，一方面造成国家资产的流失，另一方面也对单位的教职员工造成不公。三是该学校"小金库"资金大多来源于各类收费和上交的承包收入，说明学校收费管理混乱，极有可能出现无政策依据的乱收费，或者是超过收费标准的收费现象，不便于在账目上反映。无论何种原因，都会使学校的财务风险加大，导致财务秩序混乱和贪污腐败行为

的产生。

（三）改进建议

高校应设立和完善内部控制机制，杜绝"小金库"的产生，应该从以下方面加强管理。

1.完善财务管理制度，强化监督管理

在实施监督过程中，要注重把握三个环节，即监督的关口要前移，监督的重点要突出，监督的范围要拓展。定期或不定期组织纪检、监察、审计、财政等部门组成检查组对各单位的经营活动中的重要环节、二级单位容易出现问题的多发部位，作为监督管理的重要对象，进行全过程、全方位的监督检查。通过监督检查，探索防治"小金库"的措施，及时总结，形成长效机制，确保各项法规制度落到实处。

2.建立健全经济责任制

从校领导到学校各单位负责人以及各级财务人员，都应严格履行各自职责，层层防范，层层落实，一级抓一级。哪个单位有"小金库"就要追究哪个单位负责人和掌管"小金库"具体人员的责任。

3.落实现金管理职务分离制度

职务分离是现金内部控制制度的基本要求，即按照不相容职务分离的原则，科学地划分现金管理的职责和权限，形成相互制衡机制。出纳人员主要是负责货币资金的收支业务、单据的编制以及日记账的记录，会计人员主要负责货币资金业务的处理以及有关凭证、总账、报表的编制等。此外，出纳人员和会计人员的工作还具有内在稽核关系，出纳人员不得兼任会计人员的工作，会计人员也不得兼任出纳人员的工作。

4.规范收费管理，严格"收支两条线"管理

学校要实行收费归口管理，二级单位所有收费必须事先将收费项目、收

费标准、收费范围报学校批准，收费票据由财务部门统一管理。加强监督检查，落实高等学校收费管理"一把手负责制"和责任追究制，加大对乱收费的惩处力度。对不按国家规定和招生简章中注明的收费项目和收费标准收费、巧立名目乱收费或擅自提高收费标准的现象，要严肃查处，违规收取的费用一律没收，并对有关责任人进行处罚。学校二级单位收费必须全额缴入学校的银行账户，支出按照二级单位预算及预算外资金收支计划安排，做到收缴分离、票款分离、收支分离。

四、继续教育学院财务管理违规严重

（一）案例描述

某高校继续教育学院系学校二级独立核算单位，招生规模较大，培训种类繁多，为学校创收做出了一定的贡献。2018年，校审计处对继续教育学院院长进行离任审计时发现了以下几个突出问题：一是继续教育学院培训种类多，学生分散且不固定，学生信息未纳入缴费管理系统，经查实已毕业多年学生应交未交学费84万元，在读学生拖欠学费256万元，另有一些班级因人员信息不固定无从核查学费。二是一些收费安排在休息日，由继续教育学院人员领取收据后进行收费，收费人员利用便利采取收款不开票或大头小尾发票等方式，贪污学费9万余元。三是继续教育学院支出中有大量招待费甚至包含洗浴费用，经核查其中虚构经济业务套取资金32万余元。四是继续教育合作办学合同管理混乱，大部分合同的签订没有经过学校的审核，合同中存在侵损学校利益的内容。

（二）案例剖析

在本案例中，该校继续教育学院财务管理不规范，存在很多违法违规问题，违反了以下有关规定：《高等学校财务制度》（财教〔2012〕488号）第

八条、《行政事业单位内部控制规范（试行）》（财会〔2012〕21号）第十一条第六款规定。

在本案例中，该校继续教育学院为学校的二级独立核算单位，每年收入都比较高，由于缺乏严密的财务管理制度和内控制度作保障，违规问题比较严重，给学校造成了经济损失。

在本案例中，该校继续教育学院院长依仗自己为学校创收立下汗马功劳，学校领导都要对其另眼相看，手中的权力越用越大，漠视学校有关部门的监督与管理，而继续教育学院内部管理制度不健全，岗位职责与权限不明确，缺乏对许多岗位的必要牵制。学校财务部门、审计部门对继续教育学院进行检查、审计等监管不力，这样一来，导致了继续教育学院违法违规行为的发生。

继续教育学院是该校的内部二级核算单位，现金收支活动及其结果均应接受学校财务部门的监督和管理。然而，每年继续教育办班的计划以及签订的合同没有交给财务部门管理，招收的学生也没有纳入学校收费管理系统，这就造成财务部门只是被动地按照继续教育学院的通知收费，对应收学费收入无法掌握和控制，违背了收入归口核算与管理所要求的各项收入应收尽收、及时入账的规定。财务部门无法定期检查收入金额是否与合同约定相符，无法查明应收未收项目情况，没有完成应落实催收的责任，财务处的监督管理形同虚设。

继续教育学院的合同管理也存在很多问题，首先没有对合同的签订进行归口管理与审核，继续教育培训合同签订没有学校的审核，合同中存在一些损害学校利益的条款；其次，没有对合同的实施进行归口管理，无法实现合同管理与收支管理相结合，这也造成财务部门缺乏监督基础。

在本案例中，该校二级财务管理薄弱，首先票据管理没有严格执行国家的有关规定，未定期或不定期地检查财务票据使用情况，保证账实相符。收入未做到收缴分离、票款一致，收款过程未执行职务分离原则，缺乏必要的监督与控制，致使收费人员贪污行为的产生。其次，支出的审核控制并未落实到位，支出的单据真实性没有确认，使得单位一些人员虚构经济业务，套取国家资金。

（三）改进建议

目前我国规模较大的高校都设置了一些二级核算单位，这些二级单位往往会成为财务管理视线的盲区。为此，应加强对二级财务核算单位的管理，学校要成立财经领导委员会或财经领导小组，加强对全校财务工作的领导，具体负责制定预算编制原则，确定二级单位经费包干内容，科学合理分配各类经费，审定年度预算目标及预算调整计划，组织分析与考核预算完成的情况，定期组织检查二级单位财务管理情况，发现问题及时解决。同时，按照《行政事业单位内部控制规范（试行）》要求，进一步完善不相容岗位相分离、授权审批、归口管理等内部控制制度。

附：

高校内部控制系统建立情况调查表

感谢您能协助我们的调查，谢谢！

调查时间：　　　年　　月　　日

·您的职务：

1.高校内审人员

2.高校内审机构负责人

3.高校领导

4.其他

·您所理解的内部控制为：

1.财务控制

2.规章制度与流程

3.经济活动控制

4.以上三个的组合或更多

·您认为内部控制应该是一个完整的体系，不仅是各部门的规章制度和工作流程：

1.是

2.不是

3.不完全同意

·您所在学校有各部门相互衔接、构成系统的内部控制体系吗？

1.有

2.没有

3.不成体系但部门之间也有一定的衔接

·您所在学校的内部控制体系的建立情况如何？您的评价是：

1.很好

2.较好

3.一般

4.很不够

5.可以说谈不上有

·您认为阻碍学校内部控制制度建立与完善的主要原因是：（可以多选）

1.领导没有意识到需要建立这种体系

2.学校领导人认为没有建立的必要

3.学校的领导将工作重心放在抓教学质量上，没时间管内部控制体系的建立问题

4.各部门领导认为已经起草了部门的制度和流程，这就足够了

5.没有整体牵头的部门，领导又没有安排谁来做，当然就没有

6.学校又没有实行成本核算，搞内部控制体系没有太大的意义

7.即使建立了也实施不了

8.整个高校都没有这样的体系，建不建也无所谓

9.整体教育环境还没有达到要建立这个系统的环境条件

·您认为在建立这样的一个内部控制体系中，谁的作用最为关键

1.学校领导

2.部门领导

3.内审机构

4.上级管理部门的领导

您知道美国的COSO报告吗？

1.知道

2.不知道

3.知道一点但不够了解

·您认为内部审计具体准则第5号所指出的内部控制架构也适合中国的高等学校吗？

1.适合

2.不适合

3.因为不了解所以无法回答

4.需调整后使用

·您认为在高校中建立与完善内部控制体系是十分必要的吗？

1.必要

2.没必要

3.无所谓

4.这是锦上添花

5.不是当务之急

·您认为在学校的内部控制体系中内审机构的角色应当是：

1.执行者

2.在领导授权下的设计者

3.监督者

4.以上三个均有

第六章　高校财务绩效管理

　　绩效的含义应该包括结果和行为两方面，即工作中应该做什么和如何做。一所高校要想在激烈的社会竞争中实现自身的发展，履行自己的职责，拥有一支高素质的教师队伍成为高校发展的重要保障，而完善、科学的高校绩效管理体系就是实现这一目标的一个重要手段。目前我国高校在绩效管理工作中存在许多问题，如绩效评估制度科学化不够、评估理念陈旧、评估人员专业化不强、评估结果沟通不充分等问题，这些问题严重影响了管理的质量及教师积极性的提高。

第一节　高校财务绩效与管理制度

高校财务绩效主要指高校经费投入的产出和结果，用来对高校财务行为过程以及结果进行科学、客观、公正的衡量比较和综合评价，反映高校教育资金投入产生的效果、效率和效益，监测高校教育资源利用情况及其目标完成情况，用以评价高校的资金、资产等使用状况和经济效益情况。

一、高校财务绩效管理的概念

（一）绩效

绩效从管理学的角度看，是组织期望的结果，是组织为实现其目标而展现在不同层面的有效输出，它包括个人绩效和组织绩效两个方面。如果组织的绩效按一定的逻辑关系被层层分解到每一个工作岗位及每一个人，那么只要每一个人都达到了组织的要求，组织的绩效就实现了。从经济学的角度来看，绩效与薪酬是个人与组织之间对等承诺关系，绩效是个人对组织的承诺，而薪酬是组织对个人所做的承诺。当员工完成了对组织的承诺时，组织就兑现对员工的承诺，这种对等承诺关系的本质，体现了等价交换的原则。从社会学的角度看，对等承诺意味着每个社会成员按照社会分工所确定的角色承担他的那一份职责。他的生存权利是由其他人的绩效保证的，而他的绩效又保证着其他人的生存权利。因此，出色地完成他的绩效是他作为社会一员的义务，他受惠于社会就必须回馈于社会。我们把绩效的定义界定为：绩效是人们在特定场所完成任务的成就或成果。

（二）绩效管理

绩效管理就是力求打破现状，实现管理突破，挑战更高前景目标的过程，通过指导、奖励与发展、诊断与协调来发现管理的不足及影响工作绩效的组织系统因素和个人因素，有利于提高管理者与全体员工的综合能力，有利于协调员工及部门关系，从而提升组织团队精神。绩效管理是一个完整的系统，包括绩效计划、绩效沟通、绩效考评、绩效反馈四个环节。我们不应该孤立和偏废绩效管理系统中的任何一个环节，因为它们是互相影响、互相制约的有机整体。

二、高校财务绩效管理的特征

（一）多因性

高校财务绩效的多因性是指部门或个体的绩效优劣不是由单一因素决定的，而是受制于主客观多种因素。它既受到环境因素的影响，又受到工作特征因素影响，也与组织的制度和机制有关，同时更受到个体工作动机、价值观的影响。

（二）多维性

高校财务绩效的多维性指的是需要从多个维度或方面去分析与评价绩效。比如考察一个院系的绩效时，不仅要看其学生培养情况，还要综合考虑其他的指标，如科学研究情况、社会服务情况等，通过综合评价各种硬软指标得出最终的评价结论。

（三）模糊性

高校财务绩效并不像企业那样可以明确地得到测量。高等教育具有政治功能、经济功能、文化功能、社会功能。由于教育结果的长期性，高校财务绩效往往难以体现为具体的指标，因而具有一定的模糊性。

（四）动态性

高校财务绩效具有动态性。由于部门或个体绩效会随着时间的推移而发生变化，原来较差的绩效有可能好转，而原来较好的绩效也可能变差。这个性质就要求在评价一个人的绩效表现时要充分注意绩效的动态性，而不能用一成不变的思维来看待有关绩效的问题。

第二节　高校财务绩效评价体系的构建

随着高校的快速发展，特别是国家提出"大力发展职业教育"后，我国的高等职业教育进入了新的阶段，高校的资源投入也随着规模的扩大而逐年递增，特别是在绩效工资改革的背景下，经费需求和资源供给相互间的矛盾越来越突出。因此，在高校建立科学合理的财务绩效评价体系，既符合财务管理工作的新要求，也是实现高校可持续性发展的必要手段。

一、建立高校评价体系的基本思路

（一）以投入产出为核心，实现一个转变

在高校进行体制改革后，高校财务管理机制已由单纯的财政拨款收支会计转向了财政拨款与自收自支的高校财务相结合的复合型财务管理机制，对高校的财务管理工作提出了新的要求，即要提高资金的使用效率。但在这种新的形势下，一些高校的管理者在进行投资决策时，仍习惯于过去的思维观念。他们从"政绩"需要出发，总希望将高校在其任期内"做大"，通过争取到更多的财政投入或向银行大量举债的办法来扩展学校规模，至于投资的未来效益或投资产出如何、是否有足额的资金回报、是否能还得起银行债务、是否是低水平重复建设，则不在他们关心的范围内。为此必须扭转这种片面的投资观念，端正投资方向，尽快建立一套科学、有效的高校绩效评价体系，以投入产出分析为核心内容，引导高校的一切经营活动讲求投入产出效率，以投入产出观念规范高校经营与发展战略，这不仅有利于国有资产的保值增值，而且有助于高校在激烈的市场竞争中立于不败之地。

（二）正确引导高校的经营行为，立足两个服务

长期以来，由于高校管理体制的固有特点以及考核方法存在的缺陷，致使高校的管理者将高校经营与发展的着力点放在某些单项指标上，客观上引导了一些高校管理者片面追求眼前利益，不惜牺牲国家利益和高校的长远发展，致使一些高校背上了沉重的包袱。这种不规范现象归根结底是管理控制和机制引导的问题。通过建立高校绩效评价制度实现国家有效地约束高校管理者，正确引导和规范高校经营行为，促使高校改善经营管理，将高校现实利益与长远利益相结合，为国有资产监管服务，为促进高校发展服务。

（三）突出高校绩效评价的客观性、真实性，实现评价、激励、促进三大功能

在会计信息质量普遍存在问题的环境下，我们研究建立高校综合绩效评价体系，必须认真考虑会计信息质量的现实特点，深入分析影响高校绩效的有关会计信息可能产生的问题及其原因。通过科学设计评价指标体系，利用财务指标间的相互关联互为校正关系，对影响会计信息质量的主要因素予以递进修正，以使评价结果能够有效反映出高校真实绩效。通过对评价结果的综合，可以考核一定期限内高校各级管理层以及教职工的业绩。通过横向、纵向对比分析，可以对评价客体有较为全面、客观的认识。通过从各个不同侧面对高校绩效开展评价，可以将高校各个方面和各个环节的行为取向引导到绩效上来，充分调动高校管理者和职工创造良好绩效的积极性，促进高校的可持续发展。

（四）坚持四条原则，全面反映高校的财务、经营状况

作为一套复杂的系统分析方法，高校绩效评价体系的建立首先要有系统论分析思想。无论是财务指标的定量分析，还是非财务指标的定性分析，都有其固有的优势和缺陷。只关注财务指标状况，易造成高校的短期行为，影响高校的长远发展；而过分注重非财务指标，则难以准确描述和操作，可能因为缺乏"坐标"而导致经营失误。在制定高校及其评价体系时要遵循短期目标与长远利益相协调、结果评价与过程评价相统一、定量分析与定性分析相结合、目标考核与综合评价相补充的原则。从我国的基本国情和高校现状看，采用以定量分析和定性分析相结合的方法，以财务指标的定量分析为主体，通过定量指标的计算得出基本评价结果，再利用非财务指标的定性分析对基本评价结果进一步校正，以弥补定量分析的不足和缺陷，可以使最终的高校绩效评价结果更加接近其真实水平。

二、西方高校绩效评价指标体系的建立与实施

　　绩效指标自20世纪80年代起在西方高校中得到了普遍的应用，由于其简洁、系统的特点，在西方国家高校系统的管理和发展中起着越来越重要的作用。绩效评价方法已成为政府制定教育政策、分配学校经费和加强学校管理的重要手段。20世纪90年代以来，在英国、荷兰和美国的一些州，通过绩效指标进行评价已成为政府拨款的重要标准。绩效是衡量一所学校办学效益的基本因素，开始在原有的拨款模式中逐步引入绩效指标，以此作为考虑拨款的因素。

表6-1　几种常见的评价方法

评价方法	优点	缺点
层次分析法	系统性	无法提供决策方案
	简洁实用	部分结论信服性低
	定量数据需求少	部分统计需求大
		特征值与特征向量计算复杂
平衡计分卡	具有长期性	实施难度大
	强调组织团结性	指标体系建立困难
	强调员工成长性	指标数量多
	利于员工理解组织战略	权重分配困难
目标管理法	对工作内容反映直接	目标难以统一
	易于观测和理解	
	准确性强	无法横向比较
	结果反馈性高	
关键业绩指标法	目标能够细化	指标界定困难
	注重客户价值	考核方法易机械化
	促进企业与员工利益的统一	对某些岗位难以适用

西方国家评价高校绩效的方法，主要是建立高校绩效指标评价体系。通过绩效指标的测量，能提供关于高校运行状况的准确信息，反映高校办学的效率和效益水平，为高校了解自身的办学及其效益提供了一种有效的手段。这不仅对高校自身改进办学实践具有重要的指导意义，而且使政府对教育工作的决策更加科学化。

（一）英国

在1985年英国的贾勒特报告（Jarratt Report）中，将高校的绩效指标分为三类：内部指标、外部指标和运行指标。其中内部指标反映了学校方面的特征；外部指标反映高校所设置的学科适应社会经济发展的情况；运行指标反映了学校的资源利用率。1986年英国副院长和校长协会与大学拨款委员会（CVCP/UGC）联合工作小组将绩效指标划分为输入指标、过程指标和输出指标三类，其中输入指标主要是指高校可利用的资源、人力和经费情况，是对高校现有办学条件的客观反映；过程指标主要是指高校可利用资源的使用率、管理行为和组织行为情况；输出指标是指高校通过办学、科研等活动，最终取得的成绩与产出。对之进行补充的有卡伦（Cullen）称之为"三E"的指标分类：经济指标（Indicators of Economy），效率指标（Indicators of Efficiency）和效益指标（Indicators of Effectiveness）。经济指标着眼于将实际输入与目标所规定的输入做比较，从而测量输入的节省情况，以免过多的花费；效率指标着眼于输入与输出的比较，通常是用现实的结果与现实的输入进行比较，从而考察资源使用情况，以追求成本最小化或收益最大化；效益指标着重衡量结果既定的目标是否已经实现，从而测量工作的有效性，以追求目标的完成。关于高校绩效指标体系设计的合理性和有效性，比较有代表性的是英国副院长和校长协会和大学拨款委员会联合小组编制的《英国大学管理统计和绩效指标体系》，其具体构成见表6-2。

表6-2　英国大学管理统计和绩效指标体系

人均学生费用	计算机服务费用占一般费用的比例
人均教学费用	计算机服务人员费用占计算机服务费用的比例
人均教学人员的辅助费用	人均学生的计算机费用
人均教学人员的设备费用	人均学生的计算机服务人员费用
人均科研收入	房地产费用占房地产费用的比例
科研研究生占学生的比例	房地产人员费用占房地产费用的比例
教学研究生占学生的比例	取暖水电费用占总的一般费用的比例
所有研究生占学生的比例	清洁和保管费用占总的一般费用的比例
学生与教学人员的比例	修理和维护费用占总费用的比例
学校管理费用占拨款费用的比例	电话费占总的一般费用的比例
学校管理人员费用占学校管理费用的比例	人均学生的房地产费用
人均学生的学校管理费用	人均学生的房地产人员费用
人均教学人员学校管理费用	人均学生的取暖水电费
图书馆费用占一般费用的比例	人均学生的清洁和保管服务费用
图书费用占图书馆费用的比例	人均学生的修理和维护费用
图书馆人员费用占图书馆费用的比例	人均学生的电话费用
人均学生的图书馆费用	人均学生的就业指导
人均教学人员的图书馆费用	人均学生的学生会和社团费用
人均学生的图书费用	六个月后毕业生的就业率
人均学生的期刊费用	

注：人均学生和人均教学人员分别指全日制学生和全日制教学人员。

资料来源：Cave Marin，Hanny Stephen，and Kogan Mauric，The Use of Performance Indicators in Higher Education：A Critical Analysis of Developing Practice，Jessica Kingsleg Publishers Ltd，1988：40–41.

该指标体系采用的大多是生均成本和师生比等用来评价学校效率方面的指标，而对于学校办学效率的指标基本上无所涉及。它虽然不能对办学绩效进行精确的测量，但对于学校改进自身的办学效益提供了一种激励因素，对于整个教育系统效益的改进是有积极意义的。它所提出的关于学校绩效的概念和提供的有关评价高校绩效的一些具体指标，对于我们分析与评价高校办学效益也具有重要的借鉴意义。

（二）美国

美国最具有代表性的是肯塔基州的高等教育绩效指标体系，共包括教育质量、教育培养、机会均等、经济发展和生活质量、协调与倡议精神等25个指标。其具体构成如表6-3所示。

表6-3　美国肯塔基州高等教育绩效指标体系

办学任务	计划指标	绩效指标
教学质量	1.教学产出 2.总体质量 3.质量评审 4.教职工水平	普通教育成果
		学位教育成果
		学术成果
		师生发展机会
		州范围的评审
		校内评审
		专业发展机会
		教师薪资的竞争力
教育培养	5.教育成就 6.支持基础教育 7.技术运用	补习
		学生保持率
		毕业率
		地方中小学满意度
		合作教育计划
		远距离学习
		技术手段用于教学

续表

办学任务	计划指标	绩效指标
机会均等	8.高教机会均等	就业
		招生
经济发展和生活质量	9.劳动力培训和为本州经济部门服务 10.科研和公共服务	劳动力培养
		工业和雇主的满意度
		科研
		社会服务
协调与倡议精神	11.合作措施和成效 12.有效性	校内合作
		高校和职业技术学校的合作
		计划、预算和评价的结合
		设备维修

资料来源：肯塔基州高教委员会报告.Concept Paper on Performance Funding.October，1995.

由于该指标体系的建立旨在为教育拨款服务，所以注重的是学校办学质量和教学水平，因此指标体系中有许多非财务性指标和定性指标，如教育培养类，而对学校的资金投入效率和效益等方面基本上无所涉及。

（三）其他指标体系

其他具有代表性的指标体系是卡梅伦和凯夫提出的。卡梅伦用声誉调查的方法，通过组织成员的满意度来测量组织的绩效。他所设计的评价学校绩效的指标体系，包括三个领域九个方面：

一是精神领域：

（1）学生对教育的满意程度；

（2）教师和行政人员的满意程度；

（3）机构的健康状况。

二是学术领域：

（4）学生学术发展；

（5）专业发展和教学人员的质量；

（6）学生个性发展。

三是外部适应性：

（7）学生职业发展；

（8）系统的开放性与社区的关系；

（9）获得资源的能力。

凯夫等人经过深入的研究，提出了14个精选的绩效指标，并把他们分成两类。

一类是关于教学的指标，包括：

（1）入学质量；

（2）学位结果；

（3）生均成本或生师比；

（4）附加值；

（5）回报率；

（6）浪费率和未完成率；

（7）毕业时或五年后的就业率；

（8）学生和同学评价。

另一类是关于科研的指标，包括：

（9）研究生的数量；

（10）出版物及专利等；

（11）科研质量；

（12）科研收入；

（13）同行评价；

（14）声誉排行。

三、财务绩效评价指标的选取

根据相关文献调查结果，结合高校实际情况，本文将所构建的指标初步分为五个整体类，涵盖其教学绩效、科研绩效、自筹能力、资产绩效、产业绩效，每个整体指标又分为若干细分指标。每类指标的具体含义如下（表6-4至表6-9）：

表6-4　财务绩效评价各指标的含义

指标	含义
教学绩效	高校的教学活动收入主要集中在培养学生过程中所收取的学费、住宿费等。
科研绩效	在高校科研绩效评价指标中，教师人均科研经费反映了学校的科研能力和规模及学校的科研水平。
自筹能力	对高校而言自筹能力越强，说明学校自我发展和自我积累的能力越强。
资产绩效	购置教学设备，重视对教学、科研硬件设施的改善，提高教学质量都属于资产绩效。固定资产增长率的提高幅度可以说明学校是否开始进行规模化扩建和向综合型大学迈进。
产业绩效	校办产业对高校的意义重大，校办产业的收益状况也可以充分地反映高校的效益水平。

表6-5　财务运行绩效评价指标体系

教学绩效	B1：师生比
	B2：专任教师与教职工人数的比重
	B3：生均事业支出
	B4：教育支出与事业支出的比重
	B5：学生生均设备费
	B6：教职工人均获取经费额
	B7：教学活动收入年增长率
	B8：人员经费占总支出的比重
	B9：学校年度收支比
科研绩效	B10：教师人均科研经费
	B11：科研成果收益率
	B12：科研活动收入年增长率

续表

自筹能力	B13：学校自筹经费收入占总收入比重
	B14：学校自筹经费年增长率
	B15：自筹基建经费占基建经费的比重
资产绩效	B16：固定资产年增长率
	B17：仪器设备利用率
	B18：固定资产占总资产的比重
	B19：资产创收率
	B20：学校融资收入占银行存款平均余额的比重
	B21：学校其他投资收益率
产业绩效	B22：校产上交及经营收益年增长率
	B23：对校办产业投资收益率
	B24：校办产业资本金利润率
	B25：校办产业资本保值增值率

（一）教学绩效

表6-6　教学绩效评价

B1	$师生比 = \dfrac{学生人数（折合后的年平均数）}{教师人数（年平均数）}$
	师生比是指教师与学生的比例，体现了办学效率的高低。比例所占越大，学校管理水平将越占优，其发展前景越好。
B2	$专任教师与教职工人数的比重 = \dfrac{专任教师数（年平均数）}{在校教职工总数（年平均数）}$
	以上所能够体现的是一个学校内部，个体占整体教师队伍的比例。它直接反映了学校与社会衔接的评价，能够对一个学校对社会的融入水平进行全面地体现，同时也体现其人力利用情况，该指标值大，则认为学校绩效优秀。

B3	生均事业支出 = $\dfrac{\substack{教学支出 + 业务辅助支出 + 行政管理支出 \\ + 后勤支出 + 学生事务支出 + 其他支出 \\ + 离退休保障支出 + 科研支出}}{学生人数（折合后的年平均数）}$
	一般地说，学校层次越高、实力越强，培养学生所需的经费就越多。但在同等条件下，忽略学生培养质量上的差异不计，其办学成本越低，提高办学效益的状况越好。
B4	教育支出与事业支出的比重 = $\dfrac{全年教育支出总额}{全年事业支出总额}$
	该值能够客观反映高校在教育事业层面的重视程度，另外也体现其资金利用效率，该指标高，则利于绩效评价。
B5	学生生均设备费 = $\dfrac{\substack{教学支出设备费 + 业务辅助支出设备费 \\ + 行政管理支出设备费 + 后勤支出设备费 \\ + 学生事务支出设备费 + 其他支出设备费}}{学生人数（折合后的年平均数）}$
	通常情况下，一个高校的硬件设备丰富，是其实力的体现，因此该值高，则绩效优秀。
B6	教职工人均获取经费额 = $\dfrac{学校总经费收入}{教职工人数（年平均数）}$
	以上所能够表现出来的就是教师个体能够获取的经费额度。这一指标说明教职工的事业发展能力，说明管理水平和运营效率。
B7	教学活动收入年增长额 = $\dfrac{本年教育事业收入 - 上年教育事业收入}{上年教育事业收入}$
	如上所能够体现的是从教学投入上获得的资金支持来源。无论是横向还是纵向，其对学校财务状况的反映还是比较真实的。同时也能够体现的是学校财务收入情况。

续表

B8	人员经费占总支出的比重 = $\dfrac{\text{教学支出中的人员经费支出+业务辅助支出中的人员经费支出+行政管理支出中的人员经费支出+后勤支出中的人员经费支出+学生事务支出中的人员经费支出+其他支出中的人员经费支出+离退休保障支出中的人员经费支出+科研支出中的人员经费支出+经营支出中的人员经费支出}}{\text{学校支出总额}}$
	人员经费率低体现了高校的管理水平。
B9	学校年度收支比 = $\dfrac{\text{本年实际总支出}}{\text{本年实际总收入}}$
	通常来说，指标高于1，意味着学校收入不抵支出，需要对去年的账务支持，运转陷入困境。

（二）科研绩效

表6-7 科研绩效评价

B10	教师人均科研经费 = $\dfrac{\text{科研活动收入总额}}{\text{教学人员+科研人员}}$
	教师人均科研经费充分体现了一所高校的科研实力，另一方面也反映学校财务的管理水平，该值较高，则说明高校具有较好财务经营。
B11	科研成果收益率 = $\dfrac{\text{科研成果收益额}}{\text{投入科研总经费额}}$
	科研成果收益率体现了整体费用中，最终转化为科研成果而创收的水平。其和高校对资产管理得当不得当有直接的关系。
B12	科研活动收入年增长率 = $\dfrac{\text{本年科研活动收入总额}-\text{上年科研活动收入总额}}{\text{上年科研活动收入总额}}$
	科研活动经费涵盖了拨款与事业收入两方面，其很大程度上体现了高校的营收能力。科研经费通常能够以纵、横两个方向认定其来源。其中前者表明了政府部门、教育部门对高校的认可，后者则体现了高校自身的科研价值。科研活动收入年增长率充分体现了高校在科研方面的实力，其为正值，表明科研实力在进步，为负值，则前景堪忧。

（三）自筹能力

表6-8　自筹能力评价

B13	学校自筹经费占总收入比 $=\dfrac{自筹收入}{总收入额}$
	学校自筹经费收入是其融资渠道是否多元化的体现，在实践中主要涵盖了教学、科研等学校开展的事业，也包括一些捐赠、广告赞助等。若B13比较大，则体现了学校有较好的自主盈利能力。
B14	学校自筹增长率 $=\dfrac{本年自筹收入-上年自筹收入}{上年自筹收入}$
	学校自筹增长率是对高校是否有能力自主筹款的直接反映，如果该值较高，说明学校有较好的渠道、很高的能力进行筹款，若其值较低，则意味着在筹款方面学校举步维艰，无人问津。
B15	自筹基建经费占比 $=\dfrac{结转自筹基建经费}{国家拨款+结转自筹基建经费}$
	该指标反映学校自筹基建经费的能力。

（四）资产绩效

表6-9　资产绩效评价

B16	固定资产年增长率 $=\dfrac{本年固定资产总额-上年固定资产总额}{上年固定资产总额}$
	该指标很大层面上对学校资产增长情况进行了直接的反映。如果该值较大，说明其资产增长较快，体现了该校对硬件软件条件改善明显。如果该值较低，则说明一年来资产没有显著增加，学校软硬件没有得到有力的增长。
B17	仪器设备利用率 $=\dfrac{仪器设备实际使用时数}{仪器设备台数×年日历时数}$
	该指标对学校的资产利用情况进行了直接的体现，能够对其教学合理性进行衡量。如果该值较高，说明学校的仪器得到了充分的利用，学校教育资源非常合理。如果该值较低，则意味着学校很多实验仪器利用率低下，教学与科研的安排十分有限，教育资源没有得到合理的利用。

续表

B18	固定资产占总资产的比重 $= \dfrac{\text{年末固定资产余额}}{\text{年末总资产余额}}$
	该指标其能够客观地体现高校资产的状态。其值较大，反映流动性资产有限，其值较小，则意味着固定资产有限。
B19	资产创收率 $= \dfrac{\text{创收金额}}{\text{资产总额}}$
	这个指标反映学校盘活资产存量，如果该指标较大，则说明单位资产能够给学校带来较大的营收效果，而如果该值较小，则意味着资产的可利用性较低，没有带来较大的创收。
B20	学校融资收入占银行存款余额比重 $= \dfrac{\text{利息收入}}{\text{银行存款年初数和年末数的平均数}}$
	这个指标充分体现了学校盘活金融资金存量，积极组织融资活动的成果，是对高校这一部门工作绩效的最好的衡量，也是其重要标志。
B21	学校其他对外投资收益率 $= \dfrac{\text{其他对外投资收益}}{\text{其他对外投资年初数和年末数的平均数}}$
	该指标充分体现了一所高校一年中所有金融资产投资活动是否有效率。其可以理解为利用金融资金进行投资的收益，标志着学校经营的绩效。该指标值越高，说明高校善于经营投资，越低，则体现了其经营投资能力有待提升。
B22	校产上交及经营收益年增长率 $= \dfrac{(\text{本年附属单位缴款}+\text{本年经营收入}-\text{本年经营支出})-(\text{上年附属单位缴款}+\text{上年经营收入}-\text{上年经营支出})}{\text{上年附属单位缴款}+\text{上年盈余}}$
	做好学校产业，一方面要对科技成果进行投入，而其最核心的目标就是促进高校事业的经营。
B23	对校办产业投资收益率 $= \dfrac{\text{对校办产业投资收益}}{\text{对校办产业投资年初数和年末数的平均数}}$
	该指标能以总体的角度反映校办企业的经营效果。
B24	校办产业资本金利润率 $= \dfrac{\text{校办产业年末税后利润}}{\text{校办产业实收资本年初数和年末数的平均数}}$
	该指标可以充分地反映了校办企业的盈利能力。

续表

B25	校办产业资本保值增值率 $= \dfrac{\begin{array}{l} 本年末校办产业所有者权益 - \\ 校办产业实收资本年末数 - \\ 校办产业实收资本年初数 \end{array}}{上年末校办产业所有者权益}$
	保值率反映了校办企业拥有资本的质量。

四、运用层次分析法对A高校财务绩效进行评价

（一）层次分析法

层次分析法基本原理：层次分析法(AHP-Analytic Hierarchy Process)，是一种定量与定性相结合，将人的主观判断用数量形式表达和处理的方法。采用该方法对事物做分析，第一步是将事物层次化，构建具有层次性的模型。第二步是设计一个数值判断矩阵，以对所有要素进行对比。这时需要使用1～9比率标度方法。具体如下表6-10所示。

表6-10　判断矩阵标度及其含义

含义	标度
同等重要	1
介于同等重要和较重要之间	2
较重要	3
介于较重要和很重要之间	4
很重要	5
介于很重要和非常重要之间	6
非常重要	7
介于非常重要和极重要之间	8
极重要	9

（二）运用层次分析法建立指标的递阶层次结构

构建符合A高校实际的财务绩效评价体系，需要对其所有的产业和流程进行梳理，对其各方面的资产进行统计，以便可以用数据的形式进行全面地体现。进行针对A高校的财务绩效评价，可以以年度为周期，分析其整年的费用、资金的使用情况，基于这种指标体系，对统计的实际数据进行衡量，以获得最终的财务性评价结论。

基于层次分析法的理念，构建的指标体系有很多类型，其中递阶层次模型通常由具体指标层、准则层和目标层构成，这种层次的划分能够很好地理清各个指标的功能。因为不同的指标具有区别化的权重，其反映了每个指标的重要性的区别，在实践中，可以将一些重要性比较低的指标剔除在体系之外，而留下的全是重要的，不可替代的指标。对此设计的高校财务绩效评价的递阶层次结构见图6-1。

高校财务绩效评价 D

教学绩效 C1	科研绩效 C2	自筹能力 C3	资产绩效 C4	产业绩效 C5
B1、B2、B3、B4、B5、B6、B7、B8、B9	B10、B11、B12	B13、B14、B15	B16、B17、B18、B19、B20、B21	B22、B23、B24、B25

图6-1　高校财务绩效评价递阶层次结构图

在完成递阶层次结构图之后，高校需要根据实际情况广泛征求专家意见，确定最终进入评价的指标，A高校经过综合实际情况及专家建议，最终选择C1、C2、C3、C4、B1、B2、B5、B7、B8、B10、B11、B12、B13、B14、B15、B16、B20、B21成为整个递阶层次结构中的指标，由于B22、B23、B24、B25 均未入选，故排除产业绩效选项作为高校财务绩效评价内容之一。筛选后的A高校财务绩效评价递阶层次结构如图6-2：

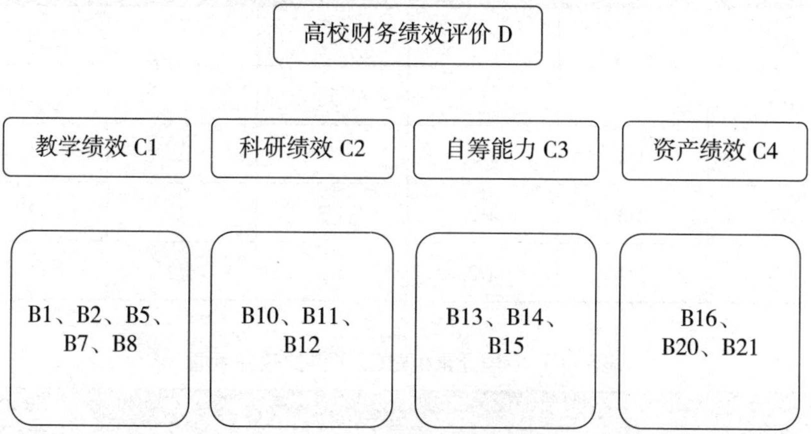

高校财务绩效评价 D

| 教学绩效 C1 | 科研绩效 C2 | 自筹能力 C3 | 资产绩效 C4 |

| B1、B2、B5、B7、B8 | B10、B11、B12 | B13、B14、B15 | B16、B20、B21 |

图6-2 A高校财务绩效评价递阶层次结构图（筛选后指标）

（三）运用层次分析法构造指标判断矩阵

财务绩效评价指标在广泛征求专家意见的基础上建立了最终递阶层次结构，上下层之间元素的隶属关系最终确定，就层次分析结构中各种因素进行两两比较，假设给出如下判断矩阵，见表6-11至表6-15。

表6-11 C层元素两两比较标度值

D	C1	C2	C3	C4
C1	1	1/3	2	1/3
C2	3	1	1/2	1/3
C3	1/2	2	1	1/3
C4	3	3	3	1

表6-12　B层元素相对C1两两比较标度值

C1	B1	B2	B5	B7	B8
B1	1	4	2	3	3
B2	1/4	1	1	2	2
B5	1/2	1/2	1	2	2
B7	1/3	1/2	1/2	1	2
B8	1/3	1/2	1/2	1/2	1

表6-13　B层元素相对C2两两比较标度值

C2	B10	B11	B12
B10	1	3	5
B11	1/3	1	3
B12	1/5	1/3	1

表6-14　B层元素相对C3两两比较标度值

C3	B13	B14	B15
B13	1	3	1/5
B14	1/3	1	1/7
B15	5	7	7

表6-15　B层元素相对C4两两比较标度值

C3	B16	B20	B21
B16	1	3	4
B20	1/3	1	2
B21	1/4	1/2	1

（四）运用层次分析法计算指标权重

综合权重系数W、最大特征值λmax、一致性指标CI、平均随机一致性指标RI、一致性比率CR的计算结果如下表6-16：

表6-16　判断矩阵计算结果统计表

判断矩阵	权重系数W					λmax	CI	RI	CR
D-C	0.125	0.217	0.165	0.494		4.154	0.051	0.9	0.057
C1-B	0.321	0.237	0.207	0.126	0.109	5.229	0.057	1.12	0.051
C2-B	0.633	0.260	0.107			3.039	0.020	0.58	0.034
C3-B	0.163	0.083	0.724			3.065	0.033	0.58	0.057
C4-B	0.625	0.239	0.136			3.018	0.009	0.58	0.016

综上所述，能够了解到，每个判断矩阵都具备满意的一致性。层次分析法一方面能够反映出一个指标的重要性，另一方面能够强调办学效益的重点要素。

（五）对指标进行层次总排序

根据上述计算结果各指标排序为B16、B10、B15、B20、B21、B11、B1、B13、B2、B5、B12、B7、B8、B14。如表6-17所示。

表6-17　各指标排序表

指标	权重系数
B16固定资产年增长率	0.309
B10教师人均科研经费	0.137
B15自筹基建经费占基建经费的比重	0.119
B20学校融资收入占银行存款平均余额的比重	0.118

续表

指标	权重系数
B21 学校其他投资收益率	0.067
B11 科研成果收益率	0.056
B1 师生比	0.040
B13 自筹经费收入占总收入的比重	0.032
B2 生均事业支出	0.030
B5 生均设备费的合成权数	0.026
B12 科研活动收入年增长率	0.023
B7 教学活动收入年增长率	0.016
B8 人员经费占总支出的比重	0.014
B14 自筹经费年增长率	0.014

（六）对A高校近三年财务绩效进行综合评价

根据上述各个步骤，可以得出所有指标的不同权重，然而在最终的评价过程中，还得评价所有指标的具体情况。对此本文使用了线性加权和综合评价模型，其具体操作如下：

$$财务系统综合评价 = X_i \cdot W_i$$

其中 X_i 是财务系统评价的指标转换值，W 是专家咨询得出的各指标评价的权重值，$\sum W_i = 1$，$i = 1, 2, \cdots, n$

财务系统的综合评价的指标转换值，是把拥有各个量纲的指标进行无量纲处理，使其更加方便综合。指标转换值则更适合使用功效系数的方法，公式为：

$$X_i = \frac{X_i - X_{min}}{X_{max} - X_{min}} \times 60 + 60$$

X_{max}：各指标中的最大值；

X_{min}：各指标中的最小值；

X_i：具体某个指标的实际值。

表6-18　准测层各指标总排序

层次	C1 0.125	C2 0.217	C3 0.165	C4 0.494	Wi （合成权数）
B1	0.321				0.040
B2	0.237				0.030
B5	0.207				0.026
B7	0.126				0.016
B8	0.109				0.014
B10		0.633			0.137
B11		0.260			0.056
B12		0.107			0.023
B13			0.193		0.032
B14			0.083		0.014
B15			0.724		0.119
B16				0.625	0.309
B20				0.239	0.118
B21				0.136	0.067

X_i：是指功效系数，实践中使用该模式，是相比于其他模式而选择的，其对A高校具有一定的针对性。其优势在于能够对最后结论不带来影响的前提下，极力减小转化值的信息损失，另外该模式还具有可用度量性、可加性等优势。实践中，该模式无量纲化的效果十分明显。其具体做法是，将拥有不同方向、值的指标均转为0～1之间，具有相对比率的数据，将其乘以60，然后与60相加。其中的"60"是可以在10～100分之间任意设置的，其主要参考点在于数值分布状况、评价结果的离散性。本文以60分计，说明最终分值评价在60～120分之间分布。

2014—2016年A高校的收入和支出数据如表6-19和表6-20所示。

表6-19　A高校2014—2016年各项收入比较表

序号	项目	2014年	2015年	2016年	2016年各收入占总收入比重
1	教育经费拨款	100	101.14	110.83	43.5
	中央教育经费拨款	100	101.14	110.83	43.5
	地方教育经费拨款				
2	科研经费拨款	100	136.10	189.37	3.33
	中央科研经费拨款	100	155.84	180.26	1.17
	地方科研经费拨款	100	124.58	194.68	2.16
3	其他经费拨款	100	94.78	98.85	0.85
4	教师事业收入	100	104.40	157.26	40.32
5	科研事业收入	100	134.29	197.79	8.72
6	附属单位缴款	100	109.09	94.62	0.64
7	其他收入	100	146.21	169.30	2.64
8	上级补助收入				
	合计				100

数据来源：A高校2016年财报

对于高校来说，其财务数据具有保密性，因此表6-19中将2014年的数据假设成基准数据，认定为100。2015年、2016年的数据以2014年数据为基础，加以换算，计算填列。

表6-20　A高校2014-2016年各项支出比较表

序号	项目	2014	2015	2016	2016年各支出占总支出比重
1	人员支出	100	102.24	105.06	11.5
2	公共支出	100	113.11	120.44	23.4

续表

序号	项目	2014	2015	2016	2016年各支出占总支出比重
3	个人和家庭补助	100	106.10	109.37	4.33
4	维修费用支出	100	105.84	100.26	4.17
5	项目的审计费用	100	104.58	104.64	2.16
6	项目的手续费用	100	104.78	108.85	3.40
7	助学奖奖金活动	100	114.40	117.26	12.32
8	工程项目支出	100	136.69	167.89	38.72
					100

数据来源：A高校2016年财报

A高校2016年学校支出比2015年的增幅为27.41%。事业支出中：人员支出为其27.5%；公用支出为其50.3%；对个人和家庭补助支出为其2.2%。由表6-20可以看出，其人员支出、个人与家庭补助、维修、项目审计、项目手续等费用支出相对稳定，而公用支出两年来增幅较大，和办公费用、学生活动费、实践实习费用支出的增长有关，工程项目支出增幅大与新教学楼的建设支出有关。这些费用的增长可能与高校不断扩招有关。

第三节　高校财务绩效管理与控制

高校内部的财务管理是高校经费收支活动的基本依据，它与我国高校的发展与改革紧密相连。内部财务绩效管理与控制，是确保高校内部的财务管理活动高效、有序运行的重要手段。高校外部与之相关的环境条件的变化及高校内部组织环境出现的规模与结构的变动，要求高校必须加强内部财务绩效管理与控制。

一、高校内部财务绩效管理现状

（一）内部收入分配功能弱化

目前，大多数高校根据内部收入制定办法，允许创收单位在规定的范围内自主管理、自行安排创收所得。这种财务管理方式高效发挥作用的前提条件是合理规定创收单位与校内津贴的份额。然而，我国高校大都通过变相提高创收单位的所得，减少学校所得，导致高校提供资金的能力与职责处于一种失调的状态，无力兼顾创收能力弱的单位。这种追求局部利益的做法弱化了校内分配功能的发挥，降低了高校财务管理的绩效。

（二）固定资产投资效益较低

近年来，高校添加了大量的教学楼、食堂、图书馆等固定资产设备，但是在高校的内部并没有形成良好的共享与管理机制，各部门配置"小而全"的固定资产设备，甚至为引进人才单独配置实验室，这种不良的做法导致高校固定资产长期处于一种积压状态，利用率极低。

（三）财务预算效率低

一是预算提前期限短，影响了预算的执行。财政部推进部门预算改革十年过程中，预算编制时间不断提前，预算编制周期从6个月延长到9个月。高校预算下达时间太晚，严重影响学校当年的预算的执行情况。二是预算存在多级分配，分配率较低。多级预算分配主要有两种形式：其一是学校将经费分配给学院，学院再根据自身情况自行细分分配；其二是学校将经费分配给职能部门，再由职能部门将经费分配给使用单位。这种多级预算分配容易导致二级分配的部门和学院为了加强自己的权利，不将预算经费一次性分配，不容易达到责、权、利对等的效果，因此这种多级、多层次的预算分配方式，不断加大了工作量，而且加长了预算下达的时间，预算效率极其低下。

二、加强高校财务绩效管理与控制的对策

（一）做好宣传工作，更新财务管理理念

内部财务绩效管理与控制，不只是财务部门的工作，不能仅靠财务部门的财务人员来实现，它需要各业务部门领导及教职工的配合，财务绩效的好坏，直接关系学校的发展前途。财务部门要利用现代先进的校园网络渠道，把国家的财经法规、会计制度进行广泛宣传，取得各级领导和职工的支持，开通网上查询系统，使各经费负责人随时可查询其各项经费的收支情况，以便预先安排工作，减少盲目开支。在各部门的共同努力下，树立全员成本管理观念，合理测算成本与效益，减少不必要的投入，提高资金的利用效率。

（二）充分利用科技信息，提高财务分析水平

目前，各高校已普遍实行会计电算化代替手工记账，降低了会计人员的劳动强度，而且财务收支可以实时监控，大大提高了会计核算效率。财务人员应充分利用先进的科技，开发出适合本校的财务管理系统，如学费收费各项目分析、经费收支子系统分析等，便于财务人员从多渠道获取数据，提高财务分析的精确度，对教育投入与成本进行细化核算，更好地实现财务管理的目标。

（三）建立符合财务绩效评价的标准

在国家法律法规允许的范围内，建立符合高校长远发展目标的财务绩效的评价标准。财务人员应深入各二级学院进行调研，了解各专业的性质、文理科学生的教学流程、实验课时间长短、耗材类型等，结合各部门上报的年度预算科学计算生均培养成本，而不是按总额一律"砍"多少比例。这样做有利于加强预算计划编制的科学性，监督预算运行的过程，便于分析预算计划与实际数据形成的差异，使绩效考评预算更合理。以学校的可持续发展目

标为导向，建立有效的会计内部控制制度，使学校的各项财务收支有章可循，确定绩效目标要兼顾学校、教职工的利益。要细化预算单位，建立起预算项目负责制，使预算中每项支出有人负责，建立起预算编制、执行和监督相分离的管理机制。

实行内部财务绩效管理与控制，需要学校各部门的密切配合。高校要建立完善的规章制度和建立健全有效的财务分析系统，合理核算成本、节约开支，使有限的资源发挥最大限度的经济效益和社会效益，提高学校发展的潜力和竞争力。

第四节　高校财务绩效管理案例分析
——专项资金的使用效率和效益低下

一、案例描述

某高校海洋学院一级学科"生物技术"2012年被评为XX省高校优势学科建设工程一期项目，2013年度省财政拨付专项补助资金800万元。2014年5月，省教育厅委托会计师事务所在对该校2013年度预算执行情况和财务决算情况进行审计时发现以下问题。在该校省高校优势学科一期项目"生物技术"建设资金中列支下列内容：2013年5月该校海洋学院更新购置普通办公电脑105.76万元；2013年7月购置进口大型专用仪器设备一台，金额123.47万元；2013年度购置复印纸、打印机硒鼓等普通办公耗材共21.08万元；2013年度举办专项学术研讨会8次，支付会议费用共46.31万元，其中按2000元/天/人的标准支付专家报告费累计4.8万元；2013年报销差旅费用83.25万元；2013年度列支材料费、测试费、出版费及劳务费等共计231.25万元；2013年末该校"生物技术"专项资金结余188.88万元结转下年使用。各类支出情况见表6-21：

表6-21　某校各类支出情况

项目名称	办公设备	专用设备	办公耗材	会议费	差旅费	其他专项支出	合计
金额（万元）	105.76	123.47	21.08	46.31	83.25	231.25	611.12
占当年支出比例	17.31%	20.20%	3.45%	7.58%	13.62%	37.84%	100%

　　事务所在实地查看过程中发现，该校2013年7月购进的大型专用仪器设备仍存放于进口代理公司尚未启用，原因是该校建设的"生物技术"专业实验室尚未竣工验收，直到2015年下半年才投入运行。

二、案例剖析

　　在本案例中，该校在省高校优势学科建设过程中未能严格执行相关制度规定，主要违反了《高等学校财务制度》（财教〔2012〕488号）第五章第二十四条规定。

　　在本案例中，该校优势学科建设专项资金实行项目负责人第一责任人制度，对项目预算的编制、资金使用及日常管理直接负责。但在资金的实际使用过程中，项目负责人并未严格执行项目支出预算，财务人员又对具体的业务运行情况不了解，造成了实际支出中无项目支出预算、超标准支付经费的增多。其直接后果是：①会计信息失真，专项资金的绩效评价结果不能反映项目建设的实际情况；②虚列支出，给学校和国家带来直接经济损失；③列支与项目无关支出，骗取或套取财政专项资金，容易引发"小金库"。出现以上违规行为的原因主要有以下几点：

（一）高校责任主体意识不明确

很多高校认为管理和使用专项资金是项目负责人的事，项目负责人对专项资金的管理和使用具有绝对的自主权，忽视了高校是优势学科等专项资金管理的责任主体，校（院）长要对项目资金管理承担领导责任。本案例中，该校领导未能统筹规划优势学科建设和配套基础设施建设情况，导致专门进口的大型专用仪器设备闲置；未能统筹协调校内相关部门、院系和学科按照职责分工分解落实学科建设任务，不但不能充分发挥财政专项资金的效益，还会影响该学科后续建设工作的正常进行。

（二）项目负责人的直接责任意识不强

项目负责人是项目资金使用的直接责任人，对项目预算编制和项目资金的使用管理负责，对专项资金使用的合规性、合理性、真实性和相关性承担法律责任。目前，很多高校项目承担单位负责人和项目负责人都没有意识到相关法律文件赋予他们的权利和责任的严肃性。本案例中，该校相关人员对有关政策和规定学习了解不够深入，心存侥幸心理，违规支出通用性办公电脑105.76万元、普通办公耗材21.08万元，占当年专项支出的比例更是达到了20.76%，超标准列支专家咨询费、差旅费等。

（三）内部控制机制不完善

高校优势学科建设工作是一项系统工程，涉及高校学科办、财务、人事、资产（设备）、审计、监察等各个职能部门的分工与合作。部分高校对各部门在优势学科建设过程中的职责和权限认识不明、划分不清。在专项建设过程中未能按照有关财政专项资金管理规定来制定符合高校自身情况的资金管理办法和内部控制机制，弱化了审计监察部门的监督作用。本案例中，该校在专项资金支出中出现诸多违规行为，项目负责人不清楚，项目承担单位负责人不管，财务部门相关人员不查，审计监察部门不纠，相关校领导不问，该校专项经费管理的内部控制机制和监督约束机制完全失效是根本原因。

（四）绩效考评制度没有落到实处

高校财政专项资金的绩效考评制度是对项目目标设定、申报管理、预算执行、结果评价及成果运用各个环节实施评价和考核，对项目执行过程中出现违法违规的单位和个人按照相关规定进行严肃处理。本案例中，该校在专项资金的实际管理中，重申报轻管理，重收入轻支出，申报项目的数量和争取到的专项资金多少成为绩效考评的重点，对项目支出中出现的各种违法违规行为没有落实责任追究制度，针对优势学科项目的绩效考评制度形同虚设。

三、改进建议

为避免此类问题的发生，进一步加强对省优势学科建设专项资金的管理，应做好以下几方面工作：

（一）强化主体责任，健全管理体制

目前高校优势学科建设实行项目负责人制，相关职能部门的审签没有切实履行监督管理的责任；财务人员对相关的业务不甚熟悉，见审批手续符合规定就予以通过，未能发挥财务监督的作用；校内跟踪审计缺乏。

高校要进一步健全"统一领导、分级管理、责任到人"的专项资金管理体制，明确教务、财务、人事、资产（设备）、审计、监察等相关部门的职责和权限，完善内部控制流程，确保专项资金使用权、管理权、监督权的有效行使和相互制约，不定期进行审计监督，发现问题及时解决，督促项目负责人遵守相关规定。

（二）规范预算编制程序，严格控制支出

高校要按照相关规定要求以及项目任务书确定的目标、任务与措施，科学、合理、真实地编制支出预算，进一步优化支出结构。由于项目任务书中的预算支出项目和财务核算科目之间存在客观差异，项目负责人在编制相关支出预算时，应与各相关部门尤其是财务部门充分沟通，以协助项目负责人进行项目预算的编制，这样就能有效避免项目负责人和财务人员对相关预算支出内容存在的理解差异。在支出预算中严格按照文件规定确定劳务费、专家咨询费、会议费、差旅费等费用的支出比例和标准。

（三）加强部门间沟通，健全监督检查机制

建立学科领导小组、管理职能部门、财务部门、审计部门之间及项目负责人之间的沟通平台，使得项目管理的每个人都能明确优势学科建设资金支出预算结构比例、支出和结余情况。如复旦天翼财务管理软件4.2版，就能通过预算模板的设置、财务核算系统的细致分类核算及财务高级管理平台的查询实现项目管理的公开透明、过程化和实时化管理。

（四）完善绩效考评制度，落实责任追究制度

高校要建立健全鼓励创新、体现实绩的项目绩效管理机制。对项目建设中产生的省级优势学科管理协调小组办公室审定的标志性成果，高校可按上级相关文件规定的比例安排奖励经费，对学科带头人及有特殊贡献的人员和团队给予奖励并在校内公示。高校要将专项审计、中期财务检查、财务验收和绩效评价等结果和项目申请及专项资金预算分配相结合，对于发生违法违规问题的个人，要按照有关规定严肃处理。

第七章 新形势下高校财务管理的改革与发展

　　随着社会主义市场经济的发展和高等院校独立法人地位的确立，在财务管理上，明显提出了比原来高得多的要求，这就需要高等学校根据国家的政策法规，结合自身的实际，创造性地开展高校财务制度建设，创建出系统、规范、适用、高效、创新的财务管理体制和机制，以绩效为导向，围绕绩效最大化的目标进行财务管理，为学校整体的发展提供良好的资金保障和财务服务。

第一节　高校财务管理改革的动力机制

随着我国改革的不断深入，高等学校也经历了很大变化，这些变化都需要高校进行适应并探索新的发展空间。高校财务管理是否规范，将会影响高校教育持续发展。当前，我国高校呈现出办学自主化、经济利益多元化、经济关系复杂化、财务管理精细化的特点。为进一步完善现代高校治理的需要，高校财务工作必须紧紧围绕财务管理改革与发展这一核心，创新体制，搞活机制，加强监督，提高效益。

一、互联网的发展推动高校财务管理改革

高校财物管理改革最突出的表现就是管理的信息化，它具体又体现在两个方面。一是财物辅助管理信息化。网络技术和校园网建设为财务管理提供了信息沟通和交换的平台。财务信息发布和数据查询，从传统的纸质的人工传递发展为网络传递和系统自动查询；校园卡的使用，实现了校内零星收入无现金化管理，增加了财务管理手段；财务管理系统与银行联合，实现了"无现金报账""电子转账"等网上银行结算，提高了财务管理水平。二是财务管理信息系统功能多样化。随着计算机技术的进步，高校财务管理系统已由原来单纯的电算化核算功能，升级发展为集收支核算、分级管理、预算控制、报表生成和其他软件接入等功能为一体的多功能管理系统，有利于提高管理的质量和水平。

二、高等教育产业化推动高校财务管理改革

"产业"的概念原本是指"社会物质生产部门和行业"。马克思创立了两大部类产业分类法，即生产资料部门和消费资料部门。随着经济的发展，非物质生产部门出现并日益壮大，于是，产生了"第三产业"的概念。三大产业分类法扩展了产业概念后，国际上就开始将教育视为第三产业的组成部分之一。表7-1对不同教育产业化观点下政府、学校和社会的作用进行了对比。

表7-1　不同教育产业化观点下政府、学校和社会的作用对比

基本观点	教育的属性	政府的作用	学校的作用	社会的作用
教育根本不是一种产业，而是消费性的社会公益事业。	纯公共产品（或垄断性公共产品），体现社会公平，不能进入市场交易。	政府财政举办教育事业，依靠国家机制配置资源。	基本靠政府拨款，没有自筹经费的法定权责。	交税不交费，适当捐赠，参与监督。
教育具有一定的产业属性。	准公共产品（或竞争性公共产品），既体现社会公平，也适当引入某些市场竞争机制。	用财政举办或直接资助教育事业。	公办学校靠政府拨款或资助具有自筹经费的有限权，允许私立学校存在。	交税，分担部分经费，鼓励捐赠，对教育有较多选择余地，参与监督。
教育的有些部分不可以产业化，有些部分可以产业化。	兼有准公共产品和私人产品的性质，其中一部分进入市场交易。	区分义务教育和非义务教育、本国地区和外国地区等，学生采取不同财政资助或政策。	公立私立学校并存，靠政府部分资助，具有自筹经费的更多权责，有竞争机制。	税收分担较多经费，鼓励捐赠，对教育有较多选择余地，参与监督。
教育就是一种产业，完全可以产业化。	私人产品完全通过市场交易。	政府财政不直接拨款，取消义务教育制度，发放教育券，靠市场机制配置资源。	无所谓公立私立学校，完全自筹经费，并靠办学质量获取教育券等值的财政资助。	税收更大程度地分担经费和参与监督，鼓励捐赠，对教育有更多选择余地。

在高等教育产业化背景下高校财务管理问题的成因是多方面的：其中有

政治的原因，也有经济的原因；有历史的原因，也有现实的原因；有观念上的原因，也有管理体制和机制的原因；有管理人员责任感的原因，也有管理人员素质上的原因。在这些原因里，有些是通过努力可以解决的，有些是由高校财务管理的客观环境决定的，应该本着有效性原则来思考解决这些问题。高校应注重解决目前能够解决的，对现在还不能解决，将来可能解决的问题提前做好必要的准备。为此，要做好这两方面的工作：首先，要随着时代和工作性质以及任务的变化不断改变管理观念；其次，是逐步建立新的管理体制和管理模式；再次，是要逐步建立并完善自身管理工作的评估体系，以便及时认识"自己"，改进工作；最后，是进一步完善高校财务管理方面的制度体系，尽快使管理人员的各项工作能够在制度和法制层面得到规范。

三、新财务制度推动高校财务改革

随着我国高等教育事业的发展，高校财务管理工作的内外环境发生了巨大的变化，资金来源日趋多元化，高校资产规模大幅度增加，经济活动更加复杂。如何有效地开展经济活动，并对经济活动进行规范管理，确保经费使用安全、规范、有效，将是高校财务管理工作的重点，《高等学校财务制度》（以下简称《制度》）的出台是在该背景下对高校财务管理提出的新要求。

（一）管理责任更加明确

一是《制度》在总体上进一步体现了高校的法人主体地位，明确了财务工作实行校长负责制。按照高校内部治理结构的要求，校长负责并不意味着校长个人承担所有的责任，而是在学校党委的领导下，校长应当明确学校财经工作的议事规则和决策程序，严格执行"三重一大"集体决策制度，完善多层次的经济责任体系。二是进一步明确了高校实行"统一领导，集中管理"的财务管理体制，规模较大的学校可以实行"统一领导，分级管理"，但必须遵守和执行学校统一制定的财务制度，并接受学校的统一领导、监督和检查。三是强调高校应当设置总会计师岗位，协助校长进行财务管理工作，明确了总会计师岗位的权利和责任。

（二）制度要求更加精细

一是强化了预算和决算的程序及制度要求，对预算编制的依据、程序及预算调整提出了更具体的要求，增加了决算管理的有关规定。二是收支管理要求更加细化，调整了收入和支出的分类和口径。三是完善结转和结余管理，明确结转和结余按照同级财政部门的规定执行。四是强化了资产管理，调整了固定资产分类和价值标准，要求应当对固定资产计提折旧，不得使用财政拨款及其结余进行对外投资，对资产的出租、出借进行了更严格的规定。

四、社会管理环境促进高校财务改革

社会管理创新是通过树立社会管理新观念，采取和运用社会管理新方法、新手段，在多元主体参与的格局中有效解决社会问题、实现社会的共同治理。由于高校财务管理更具有基础性、公共性、利益攸关性和非营利性等特征，我们可以从社会管理创新的视角重新对其进行认识和探讨。

高校财务管理新变化。我国高校办学体制改革的不断深化，使得高校财务管理的内、外部环境都发生了重大变化。就外部环境而言，高校办学经费来源一改过去由政府单一拨款为现在的多渠道筹资，除政府拨款外，还有面对广大学生的教育收费，来自企业、社会或个人的赠款、捐资，各种纵向、横向课题经费，校办企业、公司的利润收入，学校与企业、政府、社会合作办学的经费以及非全日制、计划外各种办学的学费收入等，造成了高校经济成分、利益主体和利益诉求的多样化，使得高校财务管理的社会性特征越来越显著，增加了高校财务管理的难度。

第二节 高校财务管理的经验借鉴

一、美国高校财务管理的经验与启示

（一）办学经费的筹措

美国作为世界上高等教育规模最大的国家，十分重视高等教育的发展。近20年来，美国政府每年均把高等教育的预算放在首要地位，高校经费占全国国民生产总值的比例一直维持在2.5以上。研究表明，美国高等教育的发展正是得益于稳定的政府性投入和多渠道筹集高校经费。美国公立大学的办学经费来源包括预算收入（Budgeting Funds）和外部收入（Extramural Funds）两部分。预算收入包含联邦、州、地方三级政府的拨款（一般拨款和专项拨款）、学费收入、捐赠收入、社会服务及商业性收费收入等；外部收入包含联邦、州、地方政府和私人企业的科研合同拨款。

近年来，随着美国高校各项事业的迅猛发展，公立大学不断寻求更多的渠道筹措办学经费，政府拨款所占比例呈不断下降趋势。美国高校除了积极争取政府的投资外，还采取收取学生学费（含留学生学费），利用学校的设施、场地、技术转让等进行创收。采取多种渠道进行资金筹集工作成效显著。美国很多高校设立了专门的筹资机构——筹资办公室，管理筹资事务，校董事会也是为学校筹集资金的机构。从1890年耶鲁大学创设第一个校友基金会开始，大学设立基金会向外界筹资就成为一种普遍做法，后来成立的公益性的慈善基金会，如卡内基基金会、洛克菲勒基金会、福特基金会等，逐渐成为大学资金的一项重要来源。另外，美国政府允许高校发行债券，购买高校发行的教育债券风险较小，社会效益大，且可以享受税收优惠，因此很受民众欢迎。所有这一切都为高校办学拓宽了筹资渠道，增加了办学资金的收入。

（二）财务管理模式

美国高校财务管理模式分为两大类型：集中型和分散型。美国的公立大学一般采用集中型的财务管理模式，学校的财权集中于校级，学院向学校申请经费纳入校级预算，校级向州政府申请预算拨款，学校的预算须报州政府审批后执行。

美国的私立大学主要采用分散型的财务管理模式，高校获得的大部分经费由其下设的学院直接管理，校部统筹的只是各学院上缴的小比例经费，以用于高校的人员工资、校舍建设及其他公共财务支出。学院才是学校的办学实体和管理重心，在财务上是相对独立的核算单位，在很大程度上具有办学自主权。这种分权管理模式的优点是责权利分明，有利于开展财务预算管理活动，有利于高校对各学院及附属单位的考核。值得注意的是，为了避免分权管理带来的负面影响，美国高校的董事会实施了集中决策、分散经营的办学思想，董事会根据学校的情况和发展规划审核学校的预算资金，资金由学校统一管理，同时又保留了各学院（系）相对独立的管理各单位人、财、物的权力。制定严格、规范的财务政策，并对各个学院（系）的财务管理工作实施全程监督，这样既保证了高校发展战略的正确实施，又保证了学校基层组织工作积极性的发挥。

（三）预算管理

在大多数州，大学系统都依赖公式预算模型来制定预算，模型公式按支出项目的不同而不同。一般支出项目包括教学、科研、公共服务、图书馆和其他学术支持设施、学生服务、日常开支、设施运行与维护等。教学预算的典型公式主要以在校生的规模为依据。绩效预算也很普遍，绩效预算是一种以目标为导向，以项目成本为衡量标准，以部门和项目业绩评价为核心的预算方法。经费的分配以绩效水平为依据，而不是以在校生规模为依据。在美国的许多大学系统中，责任中心预算（Responsibility Center Budgeting）正日益盛行。在责任中心预算分配模式中，各个学院的收入和直接费用都由学院自己控制，高校的间接费用按学院所占用学校资源的比例分配给各个学院。各个学院根据预期收

益、预期支出编制自己的预算。预算是透明的，每个学院都知道自己的预算来源和目标责任，根据自己的实际情况，采取相应的激励机制，以达到资源的最优化配置。美国高校特别重视预算支出的管理，节约开支，实行严格的采购制度。学校物资采购除零星采购外，一般根据金额的限制，实行多家报价或招标采购。审计机构每年还要审计，确保每一笔交易的合法性。

二、英国高校财务管理的经验与启示

（一）办学经费的筹措

英国大学绝大多数属于公立大学，高校的办学经费主要来源于政府拨款。为此，1992年英国政府专门成立了高等教育拨款委员会（Higher Education Funding Council for England，HEFCE），负责把经费分配到各高校。通过这种方式，高等教育拨款委员会起到了高校和政府之间缓冲器的作用，高校可以不因经费而受政府的干扰。

对于高等教育整体来说，HEFCE大约提供了全部资金的40%，使HEFCE成为高等院校最大的资金来源者。HEFCE向各高校的拨款主要有教学拨款和科研拨款两类。

教学拨款主要由各高校的学生数量和开设学科所决定。HEFCE的科研拨款主要以科研质量作为参考标准，科研质量越高，越容易获得大份额的拨款。另一部分办学经费来源于自筹收入，包括学费、培训服务、科研合作、捐赠及其他收入。英国高校自筹收入的比重呈现逐年增长的趋势，教学收入和科研合作收入占据了自筹收入的较大比重。教学收入中主要是学生学费收入，其中很大部分是海外学生的学费收入。

（二）财务管理模式

英国高校教育资源分配模式采用的是学院模式，政府允许大学采取学院制的自我管理，因此英国大学是以学院为主的管理特色。英国大学虽然大部分经费来源于政府，但政府对高校的财务管理采取只补助不控制的原则，对于大学的公共经费的分配是通过政府与大学之间的拨款委员会来进行，以减少对大学的干预，以保持大学自主的传统。在资源内部分配上，比较强调绩效评价的理念，以维护资金分配的公平和确保资金的使用效益。

高校的财务管理分校、院、系三级，由校长、院长、系主任分别负责各自受托的财务管理范围。校长主管整个学校的预算，校区教务长主管校区预算并负责将经费分配到各个学院，系主任掌握本系的开支。学校只开设一个银行账户，各二级学院和其他单位通过计算机结算不得开设银行账户，做到财力集中。同时，为增加二级学院的自主权，对预算经费及课题经费的支配权可适当下放，高校财务负责对各项支出的监督，严禁超预算支出；学院如果经费不足，学校可以借支，但下年度必须扣除，如果下年度再超支，学校就要更换该校区的教务长，因为教务长的职责就是按预算落实支出。

英国高校财务监督实行"问责制"（经济责任制或目标责任制），因此各部门在编制预算时要向财务处提交未来3年详细的工作计划、员工编制计划和财政开支计划。中期、年终都要进行预算执行情况检查，检查预算执行的状况以便修正。各部门每年年终都要向财务处提交当年的工作总结报告，以考核其是否完成承诺、经济活动是否取得最高效益。

（三）预算管理

高校从高等教育拨款委员会（HEFCE）取得的拨款经费，是一个总额，主要分为教学经费和科研经费两种，还有一部分以特别经费的方式进行分配。这些经费在每年8月拨给高校。各个高校的财务委员会根据自己的拨款办法，按照各学院学生人数、专业性质等在校内进行分配。在伯明翰大学，当高校收到HEFCE的一揽子拨款后，直接分配给有关学院。学院按照所占用的资源，上缴一部分资金给高校，以供高校行政经费开支。各学院编制自己的预算，院长具有很大的资金使用权。也有一些高校在收到HEFCE的拨款后，先将行政经费扣除，然后将剩余资金在各学院之间进行分配。

预算资金配置的主体是学院，强调资金分配与工作体系挂钩，给院长和

系主任充分的人事、财务和管理的自主权，学校各管理部门只能提供服务，没有决定事情的权力。预算资金的科学配置根据学院的工作绩效进行。英国高校在进行预算资金分配的改革时，除考虑学院人员和学生规模的因素外，还结合各学院和各学科的年度发展绩效进行资金的分配和管理。

第三节 财务机器人走进高校

随着应用不断被开发，人工智能逐渐与我们的生活息息相关。人工智能是时代的潮流，财务机器人将人工智能引入到财务工作当中，能高效率地完成会计核算、报表编制、报税等会计工作。因此将财务机器人应用到高校财务管理之中可以促进高校财务的优化，并且提高高校财务的工作效率。

一、财务机器人在企业中的应用

（一）什么是RPA

机器人流程自动化（Robotic Process Automation，RPA），即通过使用用户界面层中的技术，模拟并增强人与计算机的交互过程、执行基于一定规则的可重复任务的软件解决方案。RPA也被称为数字化劳动力（Digital Labor），是数字化的支持性智能软件，能够完成以往只有人类才能完成的工作，或者成为高强度工作的劳力补充。从功能上来讲，RPA是一种处理重复性工作和模拟手工操作的程序，可以实现数据检索与记录、图像识别与处理、平台上传与下载、数据加工与分析、信息监控与产出这五大功能。与其他应用程序相比，RPA的特点主要有：24小时机器处理；基于明确规则编写脚本；以系统外挂形式部署操作；模拟用户操作与交互动作。

今天，已有不少企业在办公领域采用RPA以取代一些重复和烦琐的日常流程，包括财务管理、税务管理、合规管理、数据科技、金融、人力资源等领域。目前，RPA的功能开发较为完善，总体来说可以实现以下五大功能：

（1）数据检索与记录：RPA可以跨系统进行数据检索、数据迁移以及数据输入。例如，RPA可以通过多个财务系统和报告收集数据，完成财务报告的基本数据整理工作；RPA可以自动下载每个账户的银行对账单，并且自动将余额、交易的调整输入核心财务系统当中。

（2）图像识别与处理：RPA可以通过OCR（光学字符识别）识别信息、访问不同站点获取信息，并且可以在此基础上审查和分析文字。

（3）平台上传与下载：RPA按照预先设计的路径，上传和下载数据，完成数据流的自动接收与输出。例如RPA可以自动收取邮件，将企业的标准化日记账自动发送至ERP（企业资源计划）系统当中。

（4）数据加工与分析：包括数据检查、数据筛选、数据计算、数据整理、数据校验。例如，在企业账户对账方面，RPA可以对账户的异常数据进行验证，并做基础研究；自动下载企业详细的月度销售数据并基于规则计算佣金；根据客户合同和预先批准的价格表进行自动化定价的审查。

（5）信息监控与产出：RPA可以基于模拟人类判断，实现工作流分配、标准报告出具、基于明确规则决策、自动信息通知等功能。

RPA实现这五大功能，主要是建立在三部分的运作原理上：机器人控制器、业务用户、应用程序。程序开发人员制定详细的指令并发布到机器人控制器上；机器人控制器给各个机器人分配任务、监视RPA活动；业务用户通过控制器检查并处理异常信息；机器人在虚拟或者实体电脑中与各类应用程序进行操作交互。

（二）财务机器人的产生

可以认为，财务机器人是机器人流程自动化（即RPA技术）在财务领域的具体应用。财务机器人在RPA技术的基础上，针对财务的业务内容和流程特点，以自动化替代财务手工操作，辅助财务人员完成交易量大、重复性

高、易于标准化的基础业务，从而优化财务流程，提高业务处理效率和质量，减少财务违规风险，使资源分配在更多的增值业务上，促进财务转型。

企业可以将财务机器人视为组织中的虚拟劳动力，对于财务工作中基于明确规则的可重复性工作流程，财务机器人是能够在特定流程节点代替传统人工操作和判断的财务自动化应用。

随着越来越多的厂商相继推出财务机器人，财务机器人在企业层面得到不断推广和应用。财务机器人得以广泛应用，主要是基于企业变革的内生驱动因素、RPA技术与财务业务特点相吻合的客观基础以及财务共享服务中心大量出现为其创造的良好运行环境。

1.企业变革驱动

在数字化变革的时代背景下，企业需要从庞大、混杂的数据中高效筛选有效数据并利用数据去创造价值。财务是企业天然的大数据中心，是企业数字化变革的有利切入点，而传统财务工作模式中，数据获取难度大、数据处理效率较低，难以匹配企业经营发展、管理决策过程中的数据需求。财务机器人是企业顺应数字化变革、更好地发挥财务大数据中心作用的有效工具和手段，通过在财务工作中应用RPA技术，财务工作效率大幅提升、企业数据信息安全可控，保障了企业业务发展和管理决策中的数据需求，为财务变革与转型奠定了数据基础。另一方面，财务机器人模拟人类操作和基于明确规则的判断，能够将财务人员从简单重复的低附加值工作中解放出来，不但降低了此类工作中投入的人力成本，更使得财务人员转型从事更具创造性、更有价值的工作，财务人员不再是简单的记账人员，而是参与到经营和业务中，从而为财务变革与转型提供组织基础，为企业发展提供有效支撑。

2.业务特点吻合

RPA技术适用于具有清晰定义和重复的确定性过程，即应用于大量既定规则的交易活动。财务是一个强规则领域，在业务流程中存在大量重复的工作需要手工完成，这些工作的业务特点与RPA技术的应用条件高度匹配。同时，在原本耗费大量的人力资源和时间成本，而且人工操作出错率较高的业务流程中应用财务机器人，能够形成规模经济，最大限度实现企业财务流程高效运转和财务运行成本降低。因此，RPA应用于财务领域，实现了RPA技术特点和财务业务特点最大限度的匹配，能够极大地发挥RPA技术的应用价值。

3.财务共享服务中心大量出现

共享服务管理模式的诞生是现代管理模式的一次深度变革，尤其是财务共享服务的应用，为企业财务管理所带来的效益日益凸显。近年来，越来越多的大型企业、企业集团逐步建立并运营财务共享服务中心。在财务共享服务这种新型管理模式的实践中，大量简单重复且易于标准化的财务业务集中到财务共享服务中心统一处理，财务共享服务中心有巨大动力去应用新技术提升组织内的工作质量和运转效率，于是财务机器人作为流程节点上提高工作质量、提升工作效率的有力工具得到推崇，财务共享服务中心为财务机器人的应用创造了良好的运行环境。

二、财务机器人走进高校

2016年3月10日德勤（DTT）宣布将人工智能引入事务所日常的工作中，这是财务机器人，是人工智能技术在财务领域的初步尝试，是基于RPA的技术实现。通俗而言，就是相当于在我们的电脑上安装了一个机器人软件，这个机器人软件事先设置好操作程序，这样它就可以像一个正常的员工在电脑上进行财务的操作了。这也是我国首个财务机器人的应用，德勤财务机器人开启了我国财务"新时代"的大门。四大会计师事务所中的其他三家不甘落后，随后也相继发布各自的财务机器人。

普华永道（PWC）财务智能机器人在传统RPA的基础上更加注重机器人操作流程自动化，并且其解决方案不单单局限于财务流程上，应用范围涉及人力资源、供应链、信息技术等在内的众多领域。2017年，在中化国际（控股）股份有限公司已经上线测试，这标志着中国企业迈向财务数字化流程的第一步。安永（E&Y）财务智能机器人致力于避免财务人员操作某些标

准又大批量复杂的活动，由此中国全面进入智能自动化流程时代。毕马威（KPMG）是国际四大会计师事务所中最后明确向企业提供机器人流程自动化服务的，与之前的几款全自动流程化智能机器人相比，它更加偏向于机器人流程自动化服务。

不光是国际四大会计师事务所在财务机器人应用领域不断地拓展，2017年6月6日，在电子科技大学计划财务处服务大厅，一台身高1.3米，大白形象的智能机器人正在回答科研人员的提问，这是国内首个高校财务智能机器人"财宝"的工作场景。"财宝"由电子科技大学机器人研究中心与计划财务处联合开发，包括放置在学校财务大厅的实体机器人及可供科研人员下载的手机版两个部分。在目前推出的1.0版本中，它的功能包括预约不同服务窗口的财务人员及报账咨询等。与传统的需要点击屏幕进行菜单式访问的咨询设备不同，"财宝"融入了面部识别、语言识别、自然语言理解、深度学习、大数据分析等能力。需要报账的科研人员仅需要一对一直接向它提问，即可得到回答，他的所有知识都存储在云端，目前仅在财务咨询方面已学习了500余条内容。听懂并识别财务问题，并通过语音、图片、文字、视频等方式进行回答，仅是"财宝"的初级工作，通过后续开发和数据库完善，它还能找寻科研人员报账的热点难点，并通过接入财务数据库实现一对一财务服务。而为方便科研人员使用"财宝"团队，电子科技大学还研发了掌上虚拟机器人"财宝"APP，科研人员通过他还能与审核预算等不同财务人员预约报账时间，免去排队的烦恼。

财务机器人进入高校给财务人员的工作带来巨大的改变。首先，财务机器人减轻了财务人员在会计核算方面的工作负担。与传统模式相比，由财务机器人提供基础财务信息，不仅更加快速准确，而且还可以使财务人员从烦琐的核算工作中解放出来，有更多的时间与精力从事有更高附加价值的管理决策工作。其次，财务人员需要定期改进和维护财务机器人，承担了新的工作责任。虽然财务机器人可以实现技术上零差错，但其终究是按照特定程序完成工作的机器人，其设定好的程序可能被人为操纵或者存在一定的滞后性。因此，需要专门的财务人员定期对财务机器人进行检查，及时更新操作系统、修复可能存在的漏洞，以保障数据的准确性。由此可见，在新的工作模式下，财务人员与财务机器人之间并不是敌对关系，一方面，财务机器人的功能实现依赖于财务人员的设计与操纵；另一方面，财务人员也享受着财务机器人带来的便利。财务机器人虽擅长完成结构化、重复性高的工作任务，但并不真正具备人类的智慧，还不能胜任财务分析、财务预测、绩效评价、内部控制等需要独立思考能力与职业判断能力的工作。因此，人机交互将是未来财务工作的主要模式，而传统财务人员想要不被时代淘汰，就应尽快完成新模式下的角色转换。管理型、复合型的高端会计人才将是今后最受高校欢迎的人才。

　　总之，我们相信，随着财务机器人进入高校，高校的财务管理必将写下新的篇章。

参考文献

[1]白小刚.企业失败与内部控制建设[M].北京：航天工业出版社，2013.

[2]别荣海.财务绩效视角下高校管理制度创新研究[M].北京：中国社会科学出版社，2012.

[3]陈虎，孙彦丛，郭奕等.财务就是IT[M].北京：中国财政经济出版社，2017.

[4]陈虎等.财务机器人：RPA的财务应用[M].北京：中国财政经济出版社，2018.

[5]陈虎等.从新开始：财务共享 财务转型 财务智能化[M].北京：中国财政经济出版社，2017.

[6]陈健美.加强监督，提高效益：我国高校财务管理的改革与创新研究[M].沈阳：沈阳出版社，2018.

[7]方桂萍，卢慧芳.管理学基础[M].北京：清华大学出版社，2010.

[8]国家审计署驻武汉特派办.高校财务管理审计与监督[M].武汉：华中师范大学出版社，2006.

[9]贺志东.企业内部控制实务[M].北京：电子工业出版社，2015：2.

[10]黄永林.高师财务管理研究（第九辑）[M].武汉：华中师范大学出版社，2011.

[11]金云美.高校财务管理与控制[M].北京：中国经济出版社，2012.

[12]李长山.现阶段我国高校财务管理的若干问题研究[M].北京：北京理工大学出版社，2017.

[13]乔春华.大学经营的财务视角[M].南京：南京大学出版社，2008.

[14]曲京山.高等学校教育成本核算体系研究[M].石家庄：河北人民出版社，2012.

[15]邵积荣.高校经济活动内部控制研究[M].广州：羊城晚报出版社，2017.

[16]司金贵.山东省教育财务管理研究.第2辑[M].济南：山东大学出版社，2008.

[17]孙杰.高校财务管理创新理念与关键问题探索[M].长春：吉林大学出版社，2017.

[18]徐峰.现代高校财务管理的实施与监督[M].长春：东北师范大学出版社，2018.

[19]杨松令.基于校院两级的高校财务管理问题研究[M].北京：中国经济出版社，2016.

[20]易艳红.高校内部控制与风险防范[M].北京：国家行政学院出版社，2019.

[21]赵渊贤.治理机制与内控有效性及企业风险研究[M].北京：中国市场出版社，2015.

[22]周庆西.高校管理审计研究[M].天津：天津人民出版社，2010.

[23]周亚君，刘礼明.高校财务管理案例剖析[M].南京：南京师范大学出版社，2016.

[24]埃森哲.2017年人工智能发展报告[R].2017.

[25]曹升元.高校财务风险管理研究[D].长沙：中南大学，2008.

[26]陈红丽.我国高校资产管理绩效评价研究[D].青岛：山东科技大学，2010.

[27]古星宇.大数据背景下高校财务预算研究[D].昆明：云南财经大学，2020.

[28]国际数据公司（IDC），中国信通院.人工智能时代的机器人3.0新生态[R].2017.

[29]邱向荣.我国高校资产管理及其绩效评价研究[D].昆明：昆明理工大学，2003.

[30]田倩飞.移动互联网[N].光明日报，2018-05-31（14）.

[31]邢周凌.高校人力资源管理对组织绩效的影响[D].南昌大学，2009.

[32]郭园园.A高校财务绩效评价体系研究[D].昆明：云南师范大学，2017.

[33]张东军.我国高校预算管理改革研究[D].北京：中国农业大学，2004.

[34]吕娟.高校预算管理评价研究[D].青岛：青岛大学，2020.

[35]张海燕.基于业财融合的高校财务管理流程优化研究[D].石家庄：河北地质大学，2020.

[36]曾慧芳.政府会计制度改革下高校科研经费管理的优化研究[D].厦门：厦门大学，2019.

[37]白珺.政府会计制度下我国"双一流"T高校财务管理优化研究[D].天津：天津大学，2019.

[38]褚青颐.新政府会计制度实施对高校的财务影响研究[D].郑州：河南农业大学，2020.

[39]邓建华.构建高校财务绩效评价体系[J].会计师，2010（12）.

[40]葛志鸿.财务预警系统在高校财务风险防范中的运用[J].财会通讯理财版，2008（6）：114-115.

[41]胡冰，魏利平，耿彦军.政府会计制度对高校科研管理的影响研究——基于放管服改革的视角[J].会计之友，2020（20）：94-99.

[42]孙建强，崔雯静.高校财务管理目标研究[J].财会通讯，2011（4）：87-89.

[43]王春晖，曹越.内部控制视角下对高校经济合同管理的思考[J].会计之友，2016（19）：87-91.

[44]王开田.高素质会计人才培养模式的探索和实践——以"三商、五能、七识"为视角［J］.会计之友，2018（5）：2-6.

[45]张甫香，卢盛江.高校财务风险指标探讨[J].黑龙江高教研究，2006（5）：89-93.

[46]郑义.高校财务管理制度创新的思路与对策研究[J].教育财会研究，2010（12）：3-8.

[47]许馨予，张娆.财务机器人背景下高校会计教育改革方向研究[J].会计师，2019（6）：65-66.

[48]曾语倩.财务机器人背景下高校会计教育改革方向研究[J].会计师，2019（6）：65-66.

[49]李文梅.高校科研经费报销存在的问题及应对[J].商业会计,2020（8）：77-79.